日本近代对中国边疆调查及其文献研究

袁向东　张明杰　主编

满蒙探险记

（日）深谷松涛
（日）古川狄风　著

杨凤秋　译

袁向东　校译

暨南大學出版社
JINAN UNIVERSITY PRESS

中国·广州

图书在版编目（CIP）数据

满蒙探险记/（日）深谷松涛，（日）古川狄风著；杨凤秋译；袁向东校译．—广州：暨南大学出版社，2018.12
（日本近代对中国边疆调查及其文献研究/袁向东，张明杰主编）
ISBN 978－7－5668－2522－3

Ⅰ.①满…　Ⅱ.①深…②古…③杨…④袁…　Ⅲ.①满洲—调查研究—史料②内蒙古—调查研究—史料—现代　Ⅳ.①K928.6②K922.6

中国版本图书馆 CIP 数据核字（2018）第 254944 号

满蒙探险记
MANMENG TANXIANJI
著　者：（日）深谷松涛　（日）古川狄风　译　者：杨凤秋　校　译：袁向东

出 版 人：徐义雄
策划编辑：潘雅琴
责任编辑：杨柳婷　黄　球
责任校对：徐晓越
责任印制：汤慧君　周一丹

出版发行：暨南大学出版社（510630）
电　　话：总编室（8620）85221601
　　　　　营销部（8620）85225284　85228291　85228292（邮购）
传　　真：（8620）85221583（办公室）　85223774（营销部）
网　　址：http：//www.jnupress.com
排　　版：广州良弓广告有限公司
印　　刷：广州市快美印务有限公司
开　　本：787mm×960mm　1/16
印　　张：14
字　　数：250 千
版　　次：2018 年 12 月第 1 版
印　　次：2018 年 12 月第 1 次
定　　价：68.00 元

总　序

中日交往，源远流长。千百年间，日本曾视中国为“圣人之国”“礼仪之邦”。然步入近代，中国却变为日本侵略扩张的标的。在以西学为范本的近代学术的诸多领域，也是日本人着了先鞭。早在清末民初，日本的一些组织和个人就到中国各地，从事形形色色的调查及其他活动，并留下了为数众多的调查报告、见闻游记等文献资料。

仅就调查活动而言，既有出于政治与军事目的的侦探，包括兵要地志、政情民俗、商贸经济、民族文化、社会风貌等，也有以所谓学术考察为名的各种调查，如考古发掘、民族宗教、地质地理、建筑美术等。就笔者所见所知，这类调查文献大大小小数以千计，仅涉及东北和内蒙古（日本所谓“满蒙”）地区者，就多达两三百种。若加上那些秘不示人或已焚毁的机密报告等，近代日本人涉及我国边疆地区的调查、游记等文献资料，其数量之多，可想而知。

这些文献资料对于我们解读近代中日关系，考察日本人清末民初在中国境内的活动及其对中国的认识至关重要。同时对弥补和丰富我国的边疆史料，再现边疆地区的社会风貌及历史断面，也有一定的参考价值。

一、军事侦探

在这类文献资料中，最早的应属军事侦探类。明治政府成立之初，即现觊觎中国之心。早在1872年8月，日本政府就派遣池上四郎少佐、武市熊吉大尉及外务省官员彭城中平三人，秘密潜入我国东北地区，从事侦探活动。为掩盖军人身份，两名军官暂被委任为外务省官员。他们改名换姓，乔装成商人，从营口到沈阳等地，对辽东半岛及周边地区的地理兵备、政情风俗等进行侦探调查，翌年回国后，提交了由彭城中平起草的《满洲视察复命书》。此乃近代日本人最早的对我国的调查报告。

1873年后，日本政府有组织地将部分陆海军官分批派往中国，从事侦探谍报活动。如1873年末派遣以美代清元中尉为主的8名军官，1874年派遣以大原里贤大尉为首的7名军官等，即早期所谓“清国派遣将校”之实例。这些人打着留学来华学语言的旗号，其实所接受的指令是“搜集情报”，是对我国与朝鲜、俄国接壤的东北地区和内陆、沿海各省，以及台湾等地进行调查。1875年，日本驻华公使馆开始常驻武官，福原和胜大佐上任后，负责监督和指挥在我国的日本军官的行动。1878年，随着日本参谋本部的设立，以军事侦探为目的的军官派遣体制得以确立，派遣及侦探活动也更为组织化、规模化和具体化。分期分批派遣的军官以营口、北京、天津、烟台、上海、汉口、福州、广州、香港等为根据地，对我国诸多省区进行广泛而又缜密的调查，范围不仅仅是东北、华北、华中及南方沿海诸省，而且扩展到陕甘内陆、新疆及云贵等边疆地区。如常驻北京的长濑兼正少尉曾潜入甘肃区域，大原里贤大尉曾深入川陕地区，小田新太郎大尉曾入川鄂云贵地区，从事密探活动。1886年奉命来我国的荒尾精中尉，以岸田吟香经营的乐善堂为据点，纠集一些所谓“大陆浪人”，对我国内陆省份及新疆地区进行侦探调查。其谍报活动后由退役军官根津一继承，日后设立日清贸易研究所，后又发展为东亚同文书院，成为培养和造就情报人员之摇篮，调查和搜集中国情报之大本营。

这些派遣军官定期向日本政府及有关组织发送情报，不少人还留下了详细的侦探日志、调查复命书及手绘地图等。如岛弘毅的《满洲纪行》、梶山鼎介的《鸭绿江纪行》等，即为其中的调查报告。后来，日本参谋本部编纂《中国地志》（总体部，1887）、《满洲地志》（1889）和《蒙古地志》（1894）等文献时，曾参考了这些军官的实地调查记录。部分军官还直接参与了编纂和校正工作。这些地志并非普通意义上的地理志，而是带有强烈军事色彩的兵要地志，而且完成于中日甲午战争之前，这一点尤其值得注意。遗憾的是，除部分已公刊的之外，不少文献已无从获知其下落。只有当时的手绘地图，“二战”后为美军所扣押并运往美国，现藏于美国国会图书馆。另外，中日甲午战争后，由日本参谋本部牵头实施的对我国的地图测绘及侦探活动，更是触目惊心。《外邦测量沿革史》（3卷，参谋本部·北中国方面军司令部编，1979年复制版）、《陆地测量部沿革志》（陆地测量部编，1922）、《参谋本部历史草案》（7卷+别册，广濑顺皓主编，2001）以及《对支回顾录》（上下卷，对支功劳者传记编纂会编，1936）、《东亚先觉志士记传》（上中下3卷，葛生能久主编，1933—1936）等文献，可资参考，在此不赘。

1879 年，东京地学协会成立。它比我国地学会的诞生（1909）足足早了 30 年。该协会以英国皇家地理学会为蓝本，名义上以“普及地理学思想”为宗旨，实际上则是倡导和实施海外（尤其是中国和朝鲜）“探险”及调查，为对外扩张的国家战略服务。发起人及中心成员有渡边洪基、长冈护美、榎本武扬、花房义质、锅岛直大、北白川能久、细川护立、桂太郎、北泽正诚、山田显义、曾根俊虎等，多为皇亲贵族、政治家、外交官和军人。该协会除直接派遣人员赴海外调查，搜集情报资料之外，还定期举办演讲会，发行协会报告，1893 年与东京大学地学会合并后，以该会的《地学杂志》作为其会刊逐月发行。

翻检日本早期的演讲报告，则知其多为有关以中国为主的东亚及南洋诸国或地区的探查记录。其中涉及中国边疆的，除上述岛弘毅《满洲纪行》（1879/4）、梶山鼎介《鸭绿江纪行》（1883/4）之外，还有谷川宣誉《辽东日志摘要》（1879/5），福岛安正《多伦诺尔纪行》（1881/2），《亚细亚大陆单骑远征记》（1893/7），山本清坚《从哈克图到张家口・上海》（1882/12），菊池节藏《满洲纪行》（1886/4），长冈护美《清韩巡回见闻谈》（1895/6），铃木敏等《金州附近关东半岛地质土壤调查报告》（1895/5），神保小虎《辽东半岛巡回探查简况》（1895/10）、《辽东半岛占领地之地理地质巡检报告》（1896/10、1897/2）等。这些报告者大多为陆海军军官及政治家。可见，该协会自成立之初，就显露与国家对外扩张政策相呼应的特征。

在我国边疆地区从事侦探调查的，除军人外，还有一些外交官、记者及“大陆浪人”等。这方面的文献主要有：西德二郎《中亚纪事》（1886），永山武四郎《周游日记》（1887），小越平陆《白山黑水录》（1901），植村雄太郎《满洲旅行日记》（1903），中西正树《大陆旅行回顾》（1918），日野强《伊犁纪行》（1909），波多野养作《新疆视察复命书》（1907），林出贤次郎《清国新疆旅行谈》（1908），竹中清《蒙古横断录》（1909），深谷松涛和古川狄风《满蒙探险记》（1918），星武雄《东蒙游记》（1920），吉田平太郎《蒙古踏破记》（1927），副岛次郎《跨越亚洲》（1935），米内山庸夫《云南四川踏查记》（1940）、《蒙古风土记》（1938），成田安辉《进藏日记》（1970 年公开），矢岛保治郎《入藏日志》（1983 年公开），野元甚藏《西藏潜行——1939》（2001），木村肥佐生《西藏潜行十年》（1958），西川一三《秘境西域的八年潜行》（1967）等。

其中，军人出身、后转为外交官的西德二郎（1848—1912），1880 年 7 月从列宁格勒（圣彼得堡）出发，经吉尔吉斯斯坦、塔什干、撒马尔罕等地，进入中国新疆伊犁，后经蒙古、中国北部边疆及上海，于1881年4月返回东京，历时9个月，踏查了对当时日本人来说尚属秘境的俄属中亚和我国新疆地区。《中亚纪事》（上下卷，陆军文库，1886）即此次探险调查之记录。书中记述了作者所经之地的山川地理、气候、民族、人口、沿革、物产、贸易、风俗及动植物等，尤其是对中俄边境地区的实况等多从军事角度作了观察和记述。此书是近代日本人最早涉及我国新疆踏查的文献之一，对近代边疆尤其是西域探险研究领域具有重要意义。

二、所谓“学术调查”

19世纪90年代中期以前，尽管也有部分日本人来我国从事某些领域的考察，但真正的“学术调查”，主要还是在甲午战争之后。这里需要说明的是，近代日本人对我国的学术考察，几乎都与日本侵略扩张的国策并行不悖，只是有的明显，有的隐秘而已。有些完全是打着学术旗号的国策调查，有些则是间接服务于国家战略的越境活动，甚至那些标榜目的较纯粹的宗教探险或学术考察，也都与国家的扩张政策有这样或那样的关联。因此，这里的“学术调查”是应该加引号的。

甲午战争后，出于侵略扩张与殖民统治的需要，日本加紧了对我国的调查与研究，一些机关、学校、宗教团体、学术机构或个人也纷纷行动起来，开展实地考察等活动。当时的东京帝国大学、京都帝国大学，前述的东京地学协会，1884年成立的人类学会（后更名为“东京人类学会”），1896年成立的考古协会（后改称“日本考古协会”）以及东西两本愿寺等组织和团体即其中之代表。

1895年，受东京人类学会派遣，年仅25岁的鸟居龙藏前往我国辽东半岛作考古调查，事后，于东京地学协会作了《辽东半岛之高丽遗迹与唐代古物》（1896/5）的演讲报告。可以说，这是日本人类学或考古学者赴我国调查之嚆矢。此后，他又先后四次被派往我国台湾，从文化人类学角度，对台湾岛及当地居民作实地考察。1902年7月，为开展与台湾的比较研究，鸟居又深入四川、云南、贵州等地，对苗族等少数民族聚居地进行了为期9个月的考察。事后，撰写了《清国四川省蛮子洞》（1903）和《苗族调查报告》（1905）等。后者堪称近代第一本有关我国苗族的田野调查著作，至今仍为学界所重。他此次调查活动本身，对当时及后来的我国民族研究学者也有很大触动，在某种程度上促进了我国学者对西南边疆民族的实地调查与研究。

1902年3月，身为东京帝国大学工科副教授的伊东忠太，为研究和探索日本建筑艺术的发源及其与外国的关联，对我国及印度等地的建筑进行长达两年多的实地考察。他先到北京，然后经山西、河北、河南，西至陕西、四川，再穿越湖北、湖南，入贵州，最后从云南出境。历时一年，纵贯我国大陆南北，考察后撰写了多种学术报告、旅行见闻等。其中《川陕云贵之旅》《西游六万里》等著述，是涉及我国边疆的重要记录。

1902年11月至1904年1月，工学博士、京都帝国大学教授山田邦彦等奉命赴长江上游地区，对四川、云南、贵州及川藏边境作地质矿产调查。回国后，于《地学杂志》发表《清国四川·云南·贵州三省旅行谈》(1904)。但其日记等尚未整理发表，山田即不幸病逝。后由东京地学协会征得其家属同意，将日记及当时拍摄回来的照片稍作修正，以遗稿形式出版了《长江上游地区调查日志》(附照片集，1936)。在日志中，不仅有所到之地的气候、地形地势、水文矿产等资料的详细记录，而且还有大量的测绘地形图等，再加上174幅原始图片，可谓了解上述地区地理地貌、矿产资源及风土民情等的难得资料。

在言及日本近代对我国边疆调查时，不能不提到“大谷探险队”及其他“僧侣”的特异活动。在近代西方殖民主义风潮的刺激下，为调查和探明佛教流传的路径，同时也是为了呼应日本对外扩张的国策，净土真宗西本愿寺第22代宗主大谷光瑞(1876—1948)于1902年至1914年间，曾先后三次派遣年轻僧侣，对我国新疆等地进行探险考察。世间将他们俗称为“大谷探险队”。其考察活动成果除所获文物外，考察亲历者还留下了大量的纪行、日记等文献资料。大谷家藏版《新西域记》(上下卷，1937)和《西域考古图谱》(2册，1915)等，即其中之代表。这类文献资料具体有：大谷光瑞《帕米尔行记》，橘瑞超《中亚探险》《新疆探险记》，渡边哲信《西域旅行日记》《中亚探险谈》，堀贤雄《西域旅行日记》，野村荣三郎《蒙古新疆旅行日记》，吉川小一郎《天山纪行》《中国纪行》，前田德水《云南纪行》《从缅甸到云南》，本多惠隆《入新疆日记》等。

另外，近代日本已涉足我国西藏，曾多次派僧侣等潜入西藏从事调查活动。如河口慧海(1866—1945)，1897年6月从日本出发，经我国香港及新加坡，抵印度加尔各答。他在印度及尼泊尔等地停留，准备了近三年时间后，于1900年7月进入西藏，翌年3月成功抵达拉萨，成为第一个进入西藏拉萨的日本人。他隐瞒国籍和身份，于当地滞留一年多时间，后因身份败露，于1902年5月底仓皇逃离。两年后，他又离开日本，于印度、尼泊尔等地滞留近十年后，再度进入西藏，并得到达赖喇嘛赠的百余函《大藏经》写本。两次入藏，河口慧海都留下了详细的旅行记录。第一次入藏记录《西藏探险记》，是以其口述形式连载于日本报刊的，长达一百五十余期。后由博文馆编辑出版了两卷本《西藏旅行记》（1904）。该书曾多次再版，使河口慧海的名字连同“神秘西藏”一起蜚声日本。尤其是1909年该书英文版（*Three Years in Tibet*）的问世，更是使其名噪一时。第二次入藏的记录《西藏入国记》和《入藏记》，同样以报刊连载的形式于1915年推出，后辑录为《第二次西藏旅行记》出版（1966）。

除河口慧海之外，寺本婉雅（1872—1940）、能海宽（1868—1901）等也是早期涉足西藏的日本人。寺本婉雅先后两次进入西藏，而且还曾奉军方之命，于北京从事政治活动，并成功地将两套贵重的《大藏经》运往日本。他第一次入藏是1899年，于打箭炉邂逅同为东本愿寺派遣的僧侣能海宽，两人欲由此进入西藏，但因当地官民阻拦，游历理塘和巴塘后返回。不过，能海宽仍不死心，接着又企图由甘肃、青海远道入藏，但终究未果，再后来决意由云南入藏，不料在中途成了不归之客。其入藏记录有《能海宽遗稿》（1917）、《入藏途中见闻杂记》等。

寺本婉雅第二次入藏是受日本政府派遣，于1902年10月从北京出发，经张家口、多伦诺尔、包头、西宁等地，翌年2月抵著名藏传佛教寺院——塔尔寺，在当地居留两年后，独自进入西藏，并于1905年5月抵达其向往已久的拉萨，后自印度归国。1906年4月，返回日本不久的他再度接受政府指令，第三次踏上入藏旅途。不过，这次他主要是在青海活动。记述以上三次进入西藏或青海活动的是其《蒙藏旅日记》（横地祥原编，1974）。书后还附录《五台山之行》《西藏大藏经总目录序》《达赖喇嘛呈赠文原稿》《西藏秘地事情》《回忆亚细亚高原巡礼》等。除西藏、青海部分之外，尚有不少涉及当时北京及沿途各地政治、外交等领域的史料，都是研究日本涉藏史乃至中日近代史的重要文献。

这方面的资料还有青木文教《西藏游记》（1920）、《西藏文化新研究》（1940），多田等观《西藏》（1942）、《西藏滞在记》（1984）等。

日俄战争结束后，伴随着日本殖民政策向我国东北及内蒙古等地的重点转移，各种形式的中国内地“学术调查”更是有恃无恐地开展起来。满铁调查部（1907年设立，下同）、东洋协会学术调查部（1907）、东亚经济调查局（1908）、满鲜历史地理调查部（1908）、东亚同文书院（1900）等国策机构，以及其他一些调研组织等也应运而生。加上原有的那些学校、机关或团体，一时间，对我国，尤其是对东北及内蒙古等边疆地区的实地考察或研究成为时尚。

前述鸟居龙藏的所谓“满蒙探察”即其中之代表。截至中日战争爆发，他曾先后十余次到上述地区从事调查。具体地讲，东北 9 次，内蒙古 4 次。除 1906 年前后随夫人赴内蒙古喀喇沁王府任职时的调查之外，几乎每次都是受组织派遣而为，有些调查是在日本军方协助下实现的。加上他及时采用从西方导入的所谓近代科学方法，每次调查均有一定收获或新发现。如 1905 年于普兰店发掘到石器时代遗迹，于辽阳发现汉代砖墓。1909 年调查东北地区汉代坟墓之分布。1928 年，于吉林敦化发现辽代画像石墓穴。多次于内蒙古考察辽上京、中京遗址及辽代陵墓，发现一些包括石像在内的遗物等。对辽代文化遗迹、遗物等的发掘和发现，是他这些调查中的最大收获。后来结集出版的《辽之文化图谱》四大册，虽然只是调查成果的一部分，但足见其研究价值。关于鸟居对我国的调查足迹，可从以下旅行记录中得到探明：《蒙古旅行》（1911）、《人类学上所见之西南中国》（1926）、《满蒙探查》（1928）、《满蒙再访》（与妻子合著，1932）、《从西伯利亚到满蒙》（与妻女合著，1929）等。

不可否认，鸟居的这些实地调查及成果，在我国迟于日本而引入的某些西方近代学科领域，有的是先行了一步。今天我们在梳理或讲述这些学科史时，也不得不提到他的先行调查和研究。另外，鸟居从调查我国台湾时起，就携带着当时尚极为稀少的照相机，拍摄并留下了众多珍贵照片。这些图像资料在时隔近百年的今天来看，尤为宝贵。鸟居去世后，后人编辑出版的《鸟居龙藏全集》（12 卷 + 别卷，朝日出版社，1975—1977），至今仍为学界重视。在诸多著名学者著述或全集日趋低廉的当今日本古旧书市场，唯独鸟居的著述和全集售价坚挺，甚至有日益高涨之感。这也从侧面反映了其学术价值。另外，鸟居龙藏的夫人——鸟居君子（1881—1959）曾接替河源操子（著《蒙古特产》），于 1906 年 3 月赴内蒙古喀喇沁王府毓正女学堂任教。她利用此机会及多次旅行，对蒙古族历史文化、社会风习、宗教信仰等加以考察，后撰写《民俗学上所见之蒙古》（1927）一书。内容包括蒙古族的语言、地理人情、风俗习惯、遗迹文物、牧畜、宗教、美术、俚语、童谣等，是了解当时蒙古地区社会生活及文化状况的难得文献。书中还附有当时拍摄的照片或素描插图 200 余幅。

东京地学协会自 1910 年起，又独自开展了大规模的所谓“清国地理调查”，耗费巨资，历时 6 年。先后派遣石井八万次郎、野田势次郎、饭塚升、小林仪一郎、山根新次、福地信世等地理学者，对我国长江流域及南方诸省区进行广泛调查。事后，编纂出版了三卷本《中国地学调查报告书》（1917—1920）和《化石图谱》（1920）。该报告书中既有调查者的“地学巡见记”，又有调查区域的地质、地理、水文、古生物等记录，内容十分翔实，而且配有很多手绘地图和实地图片。

至于前面提到的满铁调查部、东洋协会学术调查部、东亚同文书院等国策机构涉及我国边疆的调查及其资料，更是多不胜数，限于篇幅，在此不予详述。仅举满铁调查部组织实施的众多调查中之一项为例。1922 年 5—6 月，受满铁调查部之委托，考古学者八木奘三郎对沈阳以南大连铁道沿线地区进行实地探察，后参考其他文献，编写出版了《满洲旧迹志》（1924）。该书对东北地区各时代之遗物、遗迹，尤其是寺庙道观及其建筑等，均作了具体记述和考察，与村田治郎后来编写的《满洲之史迹》（1944）一起，成为了解东北文物史迹的代表作，同时，也为我们研究日本殖民统治时代的实地考古调查提供了一份实证材料。

进入 20 世纪 20 年代后期，又有东亚考古学会（1927）、东方文化学院（1929）、上海自然科学研究所（1931）等相关学术机构或团体诞生，日本对我国边疆，特别是所谓“满蒙地区”的“学术调查”及研究，也进入一个新的阶段。其中，考古调查尤为突出。在此领域扮演主要角色的即以东（东京）西（京都）两所帝国大学考古学者为首的东亚考古学会。该学会凭借日本军政界的后援和充足的资金，又打着与中国考古学界合作的旗号，无视中国主权，对我国东北及内蒙古等地的古代遗迹，先后多次进行大规模的发掘调查。如 1927 年滨田耕作、原田淑人等对旅大貔子窝遗址的发掘、1928 年对牧羊城遗址的发掘、1929 年对老铁山山麓南山里汉代砖墓的发掘、1933 年对旅顺鸠湾羊头洼遗迹的发掘、1933 年及 1934 年两度对渤海国上京龙泉府（东京城）遗址的发掘、1935 年对赤峰红山后遗迹的发掘等。发掘后的调查报告由该学会以“东亚考古学丛刊”的形式出版，其中甲种 6 大册、乙种 8 册。前者依次为《貔子窝》（书名副题省略，下同，1929）、《牧羊城》（1931）、《南山里》（1933）、《营城子》（1934）、《东京城》（1939）、《赤峰红山后》（1938）；后者涉及边疆者有《内蒙古·长城地带》（乙种 1，1935）、《上都》（乙种 2，1941）、《羊头洼》（乙种 3，1943）、《蒙古高原〈前篇〉》（乙种 4，1943）、《万安北沙城》（乙种 5，1946）。另外，该学会还编辑出版了《蒙古高原横断记》（1937）等调查日志和研究论集《考古学论丛》（1928—1930）等。上述数目众多的调查报告在日本被誉为“奠定了东亚考古学基础”的重要文献。

东方文化学院更是由日本官方主导的对我国进行调查研究的机构，属于所谓

“对华文化事业”之一部分，分别于东京和京都设有研究所。其评议员、研究员等主要成员，几乎囊括了当时整个日本的中国学研究领域的权威或骨干，如池内宏、市村瓒次郎、伊东忠太、关野贞、白鸟库吉、宇野哲人、小柳司气太、常盘大定、鸟居龙藏、泷精一、服部宇之吉、原田淑人、羽田亨、滨田耕作、小川琢治、梅原末治、矢野仁一、狩野直喜、内藤湖南、桑原骘藏、塚本善隆、江上波夫、竹岛卓一、水野清一、长广敏雄、日比野丈夫等。若列举受该组织派遣或委托赴我国从事调查研究的人员，仅其名单就需要数页纸才能列完。为数众多的是对我国的调查及成果，内容也涉及方方面面，其中与边疆有关的调查文献资料主要有伊东忠太《中国建筑装饰》（5 卷，1941—1944），常盘大定和关野贞《中国文化史迹》（12 卷，1939—1941），关野贞《中国的建筑与艺术》（1938），关野贞和竹岛卓一《辽金时代之建筑及其佛像》（上下卷，1934—1935），原田淑人《满蒙文化》（1935），竹岛卓一和岛田正郎《中国文化史迹·增补（东北篇）》（1976），佐伯好郎《景教之研究》（1935）、《中国基督教研究》（3 卷，1943—1944），驹井和爱《满蒙旅行谈》（1937），池内宏、梅原末治《通沟》（上下卷，1936）等。

中日战争爆发后，为实现彻底征服中国，进而侵占整个亚洲及太平洋地区的野心，日本以举国之人力、物力和财力，投入侵华战争中。此时，学界及研究界更是身先士卒，主动配合国策，积极参与对我国的各种调查与研究。先后设立的东亚研究所、太平洋协会、回教圈研究所（以上为 1938 年设立）、民族研究所（1943）、西北研究所（1944）等国策学术机构，均为涉及中国边疆调查的核心团体。如东亚研究所就曾开展过许多对我国边疆的调查与研究，其成果大多成为日本制定国策时的基础资料。笔者手头有一本盖着红色“秘”印的《东亚研究所资料摘要》（全书共 238 页），编刊于 1942 年，是该研究所登录资料之目录或简介。包括“甲、调查委员会报告书”“乙、本所员调查报告书”“丙、中间报告、翻译乃至部分性成果资料等”“丁、委托调查报告书”“外乙、本所讲演速记”等，资料所及区域涵盖中国内陆及边疆省区，另有“南洋、近东、苏联、外蒙”等。内容涉及政治、经济、社会、文化、资源、外国对我国的投资、黄土调查、满蒙关系、海南岛关系等。又如民族研究所从 1943 年成立，至 1945 年日本战败，短短两三年时间，不仅从事过大量服务于国策的文献研究，而且还奉政府及军方之命，对从东北到西南的我国边疆省区进行了多项调查，甚至于 1944 年组派两个调查团，奔赴内蒙古和新疆等地进行民族宗教文化探查。

以上只是对日本近代对我国的“学术调查”作一简单而又部分性的回顾和介绍。这类调查涉及面宽广，文献资料浩瀚庞杂，限于篇幅，这里不可能全面涉及。但从中也可以看出，以甲午和日俄两大战争为契机，为响应或配合对外扩张的国家战略，日本人对我国的“学术调查”逐步开展起来，并日益活跃。20世纪20年代后期，随着日本政府所谓“对华文化事业”的实施及受其刺激，东亚考古学会、东方文化学院等国策学术机构先后成立并迅速行动起来，尤其是当伪满洲国建立后，在所谓“满蒙地区”开展了一系列大规模的发掘调查。侵华战争开始后，日本学者更是主动配合国策，奔赴我国各地从事调查研究等活动，以实际行动实践所谓“学术报国”。因此，可以说，近代日本人对我国的“学术调查”或研究从初始阶段即有扭曲的一面，尽管在方法上有其科学的成分，在成果方面也有值得肯定或可取的地方，但是总体上难以否认其充当帝国主义或殖民主义生产工具之本质。

“二战”后，日本的中国研究学界对其战前的所作所为，虽有部分反思或批判的声音，但整体上并没有作深刻反省和彻底清算，甚至至今仍有全盘肯定或肆意讴歌者。对在这样一种历史背景下发展起来的日本战后中国学研究，笔者认为，在不少方面需要有批判性眼光或谨慎判别、正确对待之态度。对战前的“学术调查”这一正负兼有的遗产，更应有这种眼光或态度。

笔者一直致力于收集或考察近代日本人的涉华文献资料，而近代日本人涉华边疆调查或纪行资料，从文献角度来讲，价值很大，故多年来一直想着把这些文献择优译介出来。此次承蒙暨南大学出版社为该项目申请到国家出版基金资助，终成此事。

张明杰

2015年10月

译　序

《满蒙探险记》的作者深谷松涛、古川狄风是一对亲兄弟，日本福岛县须贺川市人。哥哥深谷松涛，原名深谷佐市，松涛是他的号，曾做过记者。弟弟古川狄风，号法信，因过继给古川家做养子，所以姓古川。古川狄风从简易师范毕业后做过一段时间的小学教员，随小松竹逸学习绘画。后辞职到中国找当记者的哥哥，两人从1916年12月到1918年3月在中国的东北、内蒙古地区旅行、考察。途中把见闻、感想连写带画地记录下来，于1918年底编辑成册，由日本东京博文馆出版。出版时除了他们自己写的“自序”外，还请东海散士写了序言，东海散士就是对梁启超时代中国人产生过影响的柴四郎，是政治小说《佳人奇遇记》的作者。又请日本著名的汉诗诗人结成蓄堂题了四首咏史汉诗，其中一首有云：

清祖庙祠城阙阴，崇陵松柏郁森森。
风摇金铎铿锵响，云锁朱门窈窕深。
终古汉家疏结网，当年辽室易伤心。
东来万里操觚客，落日低徊泪湿襟。

这位汉诗诗人，曾受军方邀请编写日俄战争史，和柴四郎一样，都随日本军政要员来过中国。“汉家疏结网”“辽室易伤心”，万里之外东来的“操觚客”，已明显感觉到了清朝的衰落。这首咏史诗所表达的意蕴，恰好与《满蒙探险记》所写的内容及营造的氛围互文。

对于这本由两位日本人在民国初年写的关于中国东北、内蒙古的“探险记”，我们当然不会指望通过一篇短序、一首汉诗便能把握和体味其内容和氛围。但这篇序言和结成蓄堂的序诗，可以作为我们理解这本“探险记”的一个窗口。所谓探险记，从文体上说，也不过是游记的一种。既是游记，读者便有权利知道这两位日本人何以能在民国初年到中国来？他们又是如何向日本的读者讲述那个时候的中国？他们在“探险”中所见闻的中国边疆日常生活、市镇风貌、自然地理、牧区景物，还有一些重大的历史文物与事件，对于百年后的中国有何意义？所有这些问题，似乎都可以从东海散士用日语撰写的序言中所标示的写作时间开始说起。东海散士的这篇序言写于1918年10月，也就是日本大正七年的10月。但他既没有用西历标注，也没有用日本纪年，而是用了中国的天干地支纪年法，写成“戊午年秋九月下浣”，所谓“下浣”，是从唐代官吏制度而来的时间名词，唐代制度规定官员每十天休息洗沐一次。后来中国人把“浣”转化成时间单位，用来表示时间“旬”的意思。但是，如果以此说东海散士还停留在“中国时间”，那肯定是不合历史实情的。因为这时的日本早已开始脱亚入欧，又通过入欧侵亚在亚洲确立了霸主地位，开始在亚洲执行他们的“日本时间”。标注中国时间也好，用汉诗写序也好，只不过是日本所谓的“中国情趣”的一种艺术喜好而已。深谷松涛和古川狄风来中国旅行、探险，也是按“日本时间”做的一种程序设计，他们的游记也透露着日本人所谓的“中国情趣”。这是了解这两位日本人何以能来中国的一个关键点。

一般认为，近代日本人到中国旅行从1862年开始。1854年，美日签订《神奈川条约》，日本被迫放弃锁国政策。1862年日本幕府解除了日本人出国的禁令，也是在这一年的6月，日本使团从长崎出发，乘坐“千岁丸”号轮船到了上海。“千岁丸”号的乘客除了官员外，还有藩士、商人。这些人虽然只在中国逗留了两个月的时间，但他们却写出了多种记录中国之行的书籍，如高杉晋作的《游清五录》、中牟田仓的《上海行日记》、日比野辉宽的《没鼻笔语》、峰源藏的《清国上海见闻录》、名仓予何人的《中国闻见录》、松田屋伴吉的《唐国渡海日记》等。这些游记主要记录了他们在中国的见闻、对话，其目的是想从中理出中国的经验与教训，寻求日本强国之路。这也成为近代日本中国游记非常丰富的一个原因。从“千岁丸”号来中国开始，怀着各种目的到中国旅行的日本人逐渐增多，日本人写的关于中国的游记也越来越多。据美国学者佛格尔（Joshua A. Fogel）的不完全统计，从1862到1945年，日本人撰写、出版的中国游记就有500种之多。这些游记的作者，有军人、间谍，有记者、画家、作家，也有对日本产生过重要影响的学者，如内藤湖南、德富苏峰。这些很容易让我们形成一种感觉，那就是到中国旅行、考察成了日本的一种风气，写中国游记已然成为日本人写作的一个文种。由于游记具有亲历性的特点，这些中国游记中所描写的中国形象更容易获得日本阅读者的接受与认同，所以在日本转型期间出现数量庞大的中国游记，这对构建日本人的中国形象自然也起到了相当大的作用。日本文学家竹内好的一段话可以说明这一点：

像我们这个年纪的人，在形成自己的中国观时，很受谷崎润一郎、芥川龙之介的影响，由这些人营造出来的中国形象，形成了我的中国观的基础。谷崎润一郎、芥川龙之介都曾来过中国，写过中国游记和中国题材的文学作品。谷崎润一郎还提倡过所谓的“中国情趣”，认为日本人要开拓具有异国情调的艺术，最好是面向中国或者印度。而且谷崎润一郎还说要去中国的乡下，因为那里的百姓仍是山高皇帝远，对政治和外交不闻不问，满足于粗衣淡饭，过着优哉游哉的日子。（转引自西原大辅：《谷崎润一郎与东方主义》，第273页，中华书局，2005年）

“中国情趣”既是一种美学追求，更是“脱亚入欧”“入欧侵亚”后日本人的一种文化想象与现实的骄傲。对“中国情趣”感兴趣的日本人，都受过在汉文化影响下所形成的日本传统文化熏陶，他们曾经从中国诗文中对中国的形象产生过诗意的想象，甚至也希望能像中国诗人那样以汉诗的形式抒情写景。但随着甲午战争的结束，他们在近距离接触战败的现实中国后，难免对曾经有过的想象进行背叛式的修正，此时这些人再用日本的视角看中国的现实时，表现出了难以抑制的骄傲。在这种背景下，由“中国情趣”而引出的旅行和游记，其所描写的中国形象除大陆的广阔外，更经常出现的是小到个人不讲卫生，大到民族没有国家观念，落后、麻木的形象。这本《满蒙探险记》的作者，也有着这样的“中国情趣”。深谷松涛就经常用中国传统小说中“有诗为证”的形式，在叙述中插入汉诗。在“乞药村民　善良村长”一则中，遇到向他讨药的村民时，“突然来了灵感”，赋诗一首：

诗满奚囊不觉贫，飘然幽讨水云身。
山中被误炼丹客，路上时逢乞药人。

这首汉诗用了中国的奚囊、炼丹等典故，由此可见深谷松涛是受过中国文化影响的日本人。但同时他在诗歌中用了“乞药人”来写向他求助的中国村民，这一“乞”字的使用还是很容易让汉诗读者在汉诗的阅读规则与习惯下感觉出其中的骄傲意味。同是“乞”字，在深谷松涛的乞食旅行中，则透露出一个日本人无理、无赖的傲慢态度。住店不给钱，吃霸王餐，不在厕所大便，村长儿子还把他的擦屁股纸捡来在父亲面前展平（这应是当地民众惜字信仰与习俗使然）等，在这些细节描述中，很容易让人看出维新后的日本人面对中国的骄傲态度。在这种叙事态度下，即使他在“庄河游览　一首诗价值三元七十钱”中所写的是用汉诗换钱的雅事，但我们也觉得他不是在夸中国商人的文化修养，而是在炫耀自己的才情。他在写出四句汉诗后，有这样一段描写：

商人拍腿叫好，回头看一下店主说：“这些日本人信奉儒教，很有学问。宿费我替他们付了，再让他们住一宿，明天早上叫他们起来。”店主这次唯唯诺诺地应着。商人立即从囊中掏出钱，替我们把到明天早晨的费用——三元七十钱都付清了，并且还给了我们六个面包，作为明天的饯别礼。……我少年时代学习诗歌，来到中国竟然用诗歌换来三元七十钱，真高兴。

在这样的“中国情趣”下完成的中国游记，所选择的旅行路线和叙事策略，势必有着强烈的意识形态色彩。这种情形在东海散士为《满蒙探险记》写的序言中说得再直白不过了：

对远东国际政局的支持是我帝国的一大使命，同时我国在满蒙地区的特殊地位早已为各国列强所知晓。……在需要策应世界大趋势，急需建设、管理满蒙地区的现在，我怎能不为这样一本书的出版说两句以作序呢？

东海散士这段序言，把这些游记和日本帝国使命、顺应世界潮流的“宏大叙事”联系起来。序言里所说的观点，也是对读者阅读期待的引导与规范。这些游记所记录的内容以及产生这些游记的旅行、考察，其目的，不仅仅是要给日本读者一个中国形象，更重要的是将日本的意识形态糅进中国形象中。这种意识形态的具体化，便是近代日本的大陆政策。

近代日本人来中国旅行，其实也是伴随着日本大陆政策的实施而发生的，甚至可以说是日本大陆政策的一个结果与证明。1932 年 2 月，日本人在中国办的杂志《满洲评论》第八号上发表橘樸写的一篇评论，文中这样解释日本的大陆政策：

日本大陆政策第一阶段是从征服朝鲜开始的，其目的就是要吞并朝鲜。由于甲午战争的胜利，将朝鲜划入自己经济垄断范围之内的日本资本主义就预感到在十年之内能获得胜利。由于沙皇俄国对满洲的进驻，导致了日俄间的冲突。1905年的日俄讲和条约以及第二年签订的满洲善后协约使日本的独断经济范围进一步扩展到南满洲。日本资本主义的发展在日后数十年间犹如旭日东升，呈现出持续发展的态势。（《作为日本新大陆政策的满洲建国》，《满洲评论》，1932年第八号）

所谓的大陆政策，无非就是在脱亚入欧、入欧侵亚的思路下，对中国实施的控制政策。通过甲午战争和日俄战争，日本控制了朝鲜，获得了在中国的铁路、通商、驻军等特权。正如橘樸所说，这是日本执行大陆政策的结果。控制朝鲜后，朝鲜成了日本进入中国的基地。《满蒙探险记》的作者就是趁着鸭绿江结冰而从朝鲜新义州进入中国境内的。在“公开赌博　朝鲜人的同情”中把朝鲜人叫作“新的‘同胞’”。深谷松涛去长白山“探险”，也是朝鲜边民给他做的向导。这些都说明日本的大陆政策对日本人能来中国起了决定性作用。对朝鲜的控制使日本人来中国的欲望更强了，机会也更多，从交通上来说也多了一条来中国的便捷通道。1906年（光绪三十二年）日本成立了南满铁路株式会社，作为侵略中国的“大本营”（王芸生语）。同年，又设立关东都督府，管辖在中国租界设立的关东州，同时负有保护南满铁路日本利益的职责。1909年（宣统元年）日本和清政府议定了《安奉铁路节略》，开始修建丹东到沈阳的铁路。1910年（宣统二年），日本和清政府签订了《鸭绿江架设铁路桥协定》，修建从朝鲜到中国的跨界鸭绿江大桥。1911年日本人建成从朝鲜新义州到中国丹东的鸭绿江大桥。这样，日本人就可以从下关坐船到釜山，再从釜山乘快车到丹东。于铁路之外，日本人在其租借地还修建了一些道路和码头。深谷松涛就是借着这些便利才能到黄海的海洋岛海域看海市蜃楼、参与捕杀鲸鱼活动。日本人享受着铁路给他们带来的军事、旅行方面的利益，中国人则承受着土地被占用等方面的损失。在这本游记中的“租借地居民对都督政治的评价”里记录了中国百姓对日本人的抱怨：“开通道路占用耕地，也不给赔偿；赋税比以前重多了。”

以上从所谓的“中国情趣”和日本的大陆政策两个方面，简要地介绍了《满蒙探险记》的两位作者在民国初年来中国的背景。

鲁迅曾经这样批评过谷崎润一郎写的中国故事：“日本人读汉文本来容易，而看他们的著作，也还是胡说居多，到上海半月，便做一本书，什么轮盘赌，私门子这类，说得中国好像全盘都是嫖赌的天国。”（《鲁迅全集》第十三卷，第39页，人民文学出版社，2005年）这里既批评谷崎润一郎“中国情趣”中的日本意识形态，也对一些日本人写中国游记的方式不以为然。通过《满蒙探险记》的自序我们知道，深谷松涛和古川狄风两人，至少在写作方式上和谷崎润一郎不同，他们在中国东北、内蒙古地区的游历不是短促的“半个月”，而是两年多的时间，在这期间每天写日记，或者用绘画的方式记录旅途所见所闻所想。仅从时间上说，我们对这本游记内容的丰富性就有所期待。他们还为丰富自己的行程，主动地制造一些故事，设置一些日程，比如深谷松涛用“乞食旅行”的方式完成进入中国的首段旅程，古川狄风则用加入马贼队伍的方式完成在内蒙古的旅行。这些都使得他们有更多的机会进入中国的内部，从细节方面获得更多中国信息。或许正因为用了这些形式，他们才用“探险记”来概括自己这次中国之行。事实上在这本关于中国东北、内蒙古的游记里，我们可以见到中国边疆地区人们的日常生活、自然景物、物产资源等记述。需要指出的是，他们在旅途中接触到了这些重大历史线索和文物，并在书中用文字和图画做了较为详尽的记述。在百年后的今天，这些记述作为资料，丰富、强化了我们对边疆地区的历史记忆。

在这两年多的时间里，深谷松涛和古川狄风分头行动，深谷松涛主要游踪在东北，古川狄风则浪迹内蒙古东部。深谷松涛记述的特色是用了很多汉诗，而古川狄风则结合自己的文字配了不少的图画。深谷松涛的游踪分南北两端。南段行程是从朝鲜新义州入境后，以乞丐的身份徒步向西南，到辽东半岛的庄河，再到貔子窝、普兰店，从貔子窝乘船到黄海的长山群岛，在海洋岛海域捕杀鲸鱼。北段行程主要是持枪带着朝鲜向导、翻译等护从在长白山探险，对长白山一带的林业等资源进行描写，对跨越边境来中国境内耕垦的朝鲜边民生活做了细节记述。然后随着在中国采伐木材的日本公司的木排，顺鸭绿江漂流而返。作者在记述这段路途时，当然也少不了对自己“高大形象”的刻画。作者从个人气概、坚韧品格、文学才情、历史知识等方面描画自己的形象，如在长白山区杀熊、打虎，攀登长白山时的锲而不舍，见到美景或历史文物时禁不住赋汉诗抒怀等。而所有这些也正是当时作为所谓亚洲“一等公民”的日本人的普遍感觉。

在深谷松涛的这段行程中，有两处记述需要做背景说明。一处是在“大东沟市街　两家饭店两名巡警”一则中说大东沟“依照1904年日美协商条约，这里是共同居住地”，游记作者在这里对条约签订的时间、签订的对象和条约里的名词记述都不甚严谨。这里所说的条约，当指1903年（光绪二十九年）中日于上海签订并在当年于北京互换生效的《中日通商续约》。这个条约是对不平等的《辛丑条约》的具体化，这个条约的第十款把奉天府和大东沟列为开埠通商地，并“订定为外国人公共居住合宜地界”。在清朝议约大臣向朝廷报告议约过程的公文中，有这样的文字：“（日本）又索开盛京之奉天府、大东沟两处为商埠，美约既已允开，日约遂亦照办。”（参见王芸生：《六十年来中国与日本》，第158页，三联书店，2005年）从这些条约及相关资料中可知，这里所说之事，当是中国与美国和日本分别签订的条约。

另一处则是关于“穆克登碑”的记述。《满蒙探险记》的作者对于这通石碑的查看和记述极为重视，说这是“长白山探险的最终目的”。作者对这通石碑不仅做拓片、赋汉诗，还用了两篇的篇幅，比较详细地记述了其在长白山寻找穆克登碑的过程、碑文、穆克登碑与国境线等事情，得出了“看石碑就可以知道两国边界还未曾清晰”的结论，并说“希望今后两国凭借可证之据和实地勘察确定国界。届时，如若我们的长白山探险记能多少提供一些参考和旅途借鉴的话，那这番苦心也会得到一点满足”。百年后的今天，我们更愿意设想作者的“苦心”是对中朝的边界问题不甚明了，对穆克登碑的来历不甚清楚而形成的。穆克登碑是清朝吉林打牲乌拉总管穆克登奉康熙之旨查边时所立的记事碑。其实，在穆克登碑建立的清代，图们江、鸭绿江已经成为中朝两国明确的天然国界，康熙在1711年（康熙五十年）给穆克登等人的指示中也说这条国界线“俱以明白”，要穆克登“查明奏来”的是图们江、鸭绿江发源地无水地段的国界情况。（清《圣祖仁皇帝圣训》五十二卷）1711年穆克登因天气等原因未能在当年完成使命。第二年，也就是1712年（康熙五十一年），穆克登在朝鲜翻译、向导的陪同下，登上长白山，查明图们江、鸭绿江的正源，在中朝界河图们江、鸭绿江的分水岭小白山处勒石记事。这就是穆克登碑的由来。关于穆克登碑的名字，又因不同时代、不同立场有多种叫法，有“审视碑”“定界碑”“穆石”等称呼。作者原文用的是“国界碑”，我们在出版这本书的中文版时则采用了当今中国学术界较为通用的“穆克登碑”。作者对穆克登碑的大小、碑文的内容及书写排列方式都做了详尽的描述，证之以王芸生等人的资料，作者这些记述应该是准确的。作者还对碑文做了墨拓，不知拓片现在是否还存世。因为穆克登碑在1931年丢失，所以作者的这些详尽的记述就成为这块石碑难得而可贵的重要资料。作者说是在黑石沟附近的清风岭上找到这块石碑的，在游记中也真实地记述了他所看到的石碑所在位置。他可能不知道，穆克登碑最初并不是立在这里，而是我们前面所说的小白山。这一点作者在记述中并没有交代。是谁把穆克登碑移到作者所见的位置？有学者认为可能是碑文中提到的朝鲜人许樑、朴道常。

和穆克登碑相联的是国界问题。在“真假国界　朝鲜人的作证问题”一则中说到“以此石碑为起点，至东北方图们江之间，相距二十五六间或者三十四五间，每隔十八九间打一个石桩子，还有明显的土堆标志”。这些石桩子和土堆是当时穆克登指示朝鲜官员修建的标志物。作者又进一步说“我通过实地观察，从地形上判断，证明两国的边界并非豆满江，而是图们江”。图们江当时在中朝两国有“土门江”“豆满江”等几种不同的叫法，虽叫法不同，但实际都是指同一条江。但到了 1883 年（光绪九年），朝鲜方面提出豆满和土门实为两条江的主张，认为豆满江才是图们江，而图们江则是现在中国延边境内的海兰河。到 1887 年（光绪十三年），中朝两国已经解决了这个问题，确认两国国界就是今天的图们江。日本人控制朝鲜后，日本又重新向中国提出穆克登碑所写的土门江和豆满江是两条江的问题，其意图当然是为了掠夺中国肥沃的土地。作者虽然强调实地考察并佐之以历史，但整个论据与历史事实、历史资料是有出入的，所以他的结论也只能是和日本政府一样的论调了。

深谷松涛靠双脚在东北跋涉，古川狄风则坐马车在内蒙古驰骋。古川狄风的路线是从鞍山的千山而四平，经郑家屯到内蒙古的通辽（书中的白音塔拉）、开鲁进入赤峰，再经巴林草原回到科尔沁草原。他活动的范围主要是今天的西辽河流域。分裂满蒙是日本大陆政策的一项重要内容，古川狄风也用“军中之储蓄银行　宏伟壮观之辽河”一节侧面记述了“郑家屯事件”，其中有对这个城市形成初期的记述。书中作者用较长的篇幅记述了白音塔拉，也就是今天内蒙古通辽市的情况。如在“我就是世界中心　大袈裟之俄国人”一则中说：“正午到了著名的白音塔拉。白音塔拉有一万七千多人，是汉族人居住地。日本人只有十二三人。预计将来要开通铁道，那时这里一定会成为蒙古最受瞩目的城市。”因为作者认为这里重要，所以他租了一个院落，“决定在此停留一段时间”。对于这样一个正在形成中的城市，古川狄风考察了城市周边的环境，拜访了这块领地的控制者科尔沁左翼中旗的王府，参加日本人开的料理店的开业仪式，调查了日本人开当铺的经济状况。记述了日本人以卖人丹做幌子，向中国人兜售吗啡。此外他还详细地记述了日本马贼在这里活动的情况。比如在“窝藏马贼两头目　囊中如洗两空空”一则中描写了日本马贼头目植本彻世、岩部繁作的情况；在“加入天鬼将军一行　‘布施’僧人浑酒”一则写了在中国的日本马贼的代表性人物天鬼将军薄益三。透过这些记述，我们能体会到民国初年各种势力在内蒙古地区的活动，各种要素聚集在一起的矛盾。作者不辞劳苦的日夜兼程，将游记与日本的使命连在一起。探访这里的一切，其目的明确，即本书的序所写“对远东国际政局的支持是我帝国的一大使命，同时我国在满蒙地区的特殊地位早已为各国列强所知晓。……急需建设、管理满蒙地区”。

袁向东
2017 年 3 月

目　录

序

对远东国际政局的支持是我帝国的一大使命，同时我国在满蒙地区的特殊地位早已为各国列强所知晓。而我国民却眩惑于这种地位的优越感，忽视扶植经济实力，辜负世间期待。这主要是因为很多国民不能真正了解满蒙情况和形势。最近去满蒙视察研究的人渐渐增多，这是件可喜的事。但是真正了解到隐藏在深层的满蒙情况，并介绍给世人的却很罕见。诗人深谷松涛、画家古川狄风与我是同乡，我们如同兄弟一样，共同游览了中国，深入满蒙内部，没有生命财产的保障，跋涉于天涯，他们将此冒险纪行荟萃成册，著书《满蒙探险记》，请我作序。书中记载了他们足迹，真是不远万里，踏破七寸草鞋。冒着危险，克服重重困难，翻山越水，所到之处皆国人未曾到过的边境。这本探险记不仅能给国民带来莫大的勇气，也是一本介绍当地风土人情的民俗志，作为旅行指南更别有情趣，还可以作为画谱。本书阐明了我们至今一无所知的满蒙的另一面。作者的洞察力、观察事物的不同视点与明快的叙述相辅相成，独特的写生画作更使文章锦上添花。所以与一般旅行记不同。在需要策应世界大趋势，急需建设、管理满蒙地区的现在，我怎能不为这样一本书的出版说两句以作序呢？

戊午年秋九月下浣（1918 年 10 月）
东海散士

自 序

我们是手足兄弟。愚兄松涛写诗，迂弟狄风背着画囊，我们像狗儿一样，嗅着味道，带着一颗执着的心，为那些名胜古迹所吸引，漂泊到朝鲜，踏上满洲大陆。在绿色环抱着的日本温室里长大的我们，就连看一眼朝鲜半岛的风景都觉得有一种压迫感。渡过鸭绿江，踏上中国大陆的时候，这种压迫感突然又转变为一种恐惧感。街上的警戒如战时一样，客车上的每个角落都有我们武装部队防守，以备马贼团伙的入侵。心中明知这种地方与写诗作画无缘，但是在一年多的时间里，在所谓我国势力范围内，我们小心翼翼地窥视了中国大陆的一角。金洲城头的黑月、辽阳白塔的雷雨、奉天（沈阳）千年的松陵、浑河十里的柳堤、马峰沟的帆船、鸡冠山的残雪以及很多男性化的风景，在不知不觉中使我们的身心强大起来。现在，不论是见到长春郊外数百具冻尸，还是在公主岭看马贼被枪决，我们都毫不在乎。好像在树叶上生长的虫子会变得发绿一样，我们的身心也不知何时染上了大陆的色彩。为寻觅沙河战迹花费一整天，或几天几夜的农安旅行等，终于使我们对危险产生了免疫力。就这样，我们已渐渐不满足在我国势力范围内活动，如满铁附属地以及小得如猫头般的关东租借地。我们心怀抱负，下定决心，踏上了梦寐以求的探险征途。松涛是“满洲乞食旅行”“长白山探险记”“鸭绿江遇险记”的主人公；狄风执笔“千山绘画巡礼”“海洋岛观捕鲸”“蒙古横越记”。在 1915 年 12 月到 1918 年 3 月的诸多探险中，我们省略了没有价值的内容，只挑选六篇，编成此书。为了能把两个人的作品交替排列，把“蒙古横越记”放在最后，这样就无法按照旅行的时间顺序排列文章。由于我们学识浅薄，文笔不佳，所以文章甚为平凡，叙事词语不免粗俗，文章只是如实记录，不像其他探险记那样，为吸引世人的好奇心而伪造和夸张。我们只希望人们能了解满蒙内部的真相，才把如此拙著搬出江湖。诸位读者如果能领会此书真意，能从中有所收获，作者便深感满足了。

1918 年 11 月
作者

一　千山绘画巡礼

糊涂向导　雪原迷路

鞍山驿站前有家汉族人开的客栈，名为“乾丰栈”。我在那里激动不安地过了一夜。第二天，去探寻千山名胜的心情越发急切。吃着早饭，正喝着烈性高粱酒的时候，昨天雇好的那个倔强的引路人来了。我的行李包括一个塞满画具的写生箱和三张 12 号画布、两张 25 号画布以及十二三张画板。我让引路人把行李分成两份，用扁担挑着，于十二月二十二日踏着白雪皑皑的路出发了。正像《剑南入蜀》[①] 描绘的那样，不同的是陆游是为了写诗，而我进入山里是为了画画。我脚穿长靴，头戴钢盔，西服外披着风衣，皮带上别着手枪。这副样子令人难以想象我是个写诗作画的风流雅士。

走了约半里路，这位引路人便一见到人就问路。我后悔请了这样一个不认路的愚蠢的东道主，但现在又不能马上把他撵回去，算了吧。这哪里像是跟着好马走向成功，反倒像是跟在一个蠢货后面，忧心忡忡地走着。

遥望远方，高耸入云的千山奇峰映入眼帘。陡峭的山峰好像耸立的竹笋一样，使人联想到《地狱变相图》。我想不管画家萧白[②]怎样挥舞他的手腕，也远远画不出千山的奇妙。我以前一直把中国画视为理想作品，现在才意识到是自己见识短浅。我身心雀跃，在这马贼横行的满洲旷野，蓬头垢面，冒着零下二十度的寒风，走了两里多路，到了一个贫穷的小村。

我们走进一家饭庄休息片刻。十几名村民围过来好奇地问我是不是俄国人、做什么生意、多大年纪等，我那点儿可怜的汉语无法令他们得到满意的回答。

---

① 《剑南入蜀》即《剑南诗稿》，陆游诗词全集，共 85 卷，收录诗词 9 344 首，为纪念蜀中生活而名。

② 萧白：曾我萧白（そが しょうはく，1730—1781）。日本江户中期画家，生于京都，自称“蛇足轩”。

接下来向右走应该是去往千山的路，可是引路人偏向左走，对我的话不理不睬。让他看地图，他大字不识一个，更别说笔谈了。我用汉语说："你不信吗?"他也毫无反应，一点儿也没有要停下来的意思，径直蹭蹭向前走。此时我简直肺都要气炸了。如果我掏出手枪，逼着他听我的，凭以前的经验，这种做法应该非常见效。但我觉得那样做太不像男子汉，就对他一让再让，跟在他后面一直走。

走了一里多路，令我担心的事情果然发生了。而来时的脚印已被飘雪埋得一干二净。我越发想揍他几拳，可他先发制人，来到我面前叩头作揖地道歉，这样一来，尽管我已经愤怒到了极点，却不好发作了。我突然感到一阵恐惧袭来，在这茫茫雪原找不到东南西北可不是闹着玩的啊。无论如何，我决定不顾一切朝千山的方向走。走了一里左右，到了大沙河畔。因为这条河源于千山，所以我心里的石头终于落了地。又往前走了一段，终于到了平坦的辽阳街道。这时恰巧遇到一辆马车，于是我们搭上马车，来到千山北麓，天黑以前总算到了无量观（所有道教的精舍都被称为"观"）。

黄金米饭　仙人梦语

登上数百级台阶，巨型的怪石间隐约可见几座丹青建筑，环绕山谷的障壁有几处石门，门板上紧紧地上着锁，仿佛要封住天地间的秘密一样。抬头望，巨峰耸立，白云缭绕，松涛阵阵。我这个习惯于简单思维的日本人一下子就被这景色震住了。如果只用五十一个或者十七个音的短歌俳句来形容这种风景实在是太难了，只有象形的方块汉字，加上平仄押韵的诗歌，才适合表述这里的风情。原来一直以为汉诗只是唐宋时代的遗物，愚蠢的我今天才算是开了点窍。

登上无量观西阁，拿出名片给道士，笔谈说明来意。答曰："与道士同吃同睡的话，想住几年就住几年。"这个答复也是够惊人的。不一会儿，道士就把我们带到一间房内，介绍给另外几位道士。他们都戴着筛形黑帽，结着发髻，插着一根小簪子，蓄着稀疏的胡须，穿着敞袖青衣，个个如仙人一般。

这时，一名青衣童子进来，带我们到斋堂吃饭。这是个铺着草席的狭长的大斋堂，里面一个人影都没有，空荡荡的。桌子上放着小米饭，汤里有很多干萝卜叶子。日本有句俗语："天神和大米到处都有"，这在满洲的深山里是行不通的。颜色如同24K纯金一样的小米饭我是生来头一次吃，很难下咽，只好就着汤硬往肚子里送，这样送了三碗。感觉已吃得差不多时，往旁边看，那个引路的家伙竟轻松吃了五六碗。小米饭对中国人来说，是比高粱米还好的美食。

明月挂在山头，照亮了山上的每个角落。我冒着零下三十度刺骨的寒风，在岩角伫立片刻，尽情地大声呼喊。风流不怕严寒，也许是东方人所共有的思想。这天晚上，我感慨万千，枕着写生箱，穿着衣服，躺在热炕上睡着了。夜里好几次被左右两边道士的梦话吵醒，不过只有这满洲之行，才能听得到仙人的梦呓。

道士修行　乘云驾雾

刚近拂晓就被吃早饭的传声唤起。一位道士端来洗脸水，我洗了把脸，驱走了睡意。来到斋堂喝了一碗高粱米粥。这个高粱米粥有点黏稠，比昨天晚上的小米饭可口。可是因为起得太早，只吃得下一碗。饭后给了那个引路人一元钱，让他回去了。今天风和日丽，是画画的好天气，于是我拿出 12 号画布，画了一张西阁钟楼。

画完画，我顺着后面的石阶登上几百级台阶，来到上清宫。那里供奉着一尊白发银须的老子像。二三十名道士正在合诵经文，敲钟击鼓，专心致志。庄重的声音响彻全山，连与此无关的我此时也沉浸在道士的诵经声中。

继续向上攀登两三百级台阶就到了山顶。左边有一块被称为“一步登天”的巨石擎天而立。因为积雪，此岩不能攀登。右侧是一个天然石屋，屋里供奉着观世音菩萨。后面是供奉玄穹至尊的伴云庵。绕庵向东走，眼前出现一个似千仞①幽谷的大岩石裂缝，上面放着两块踏板，形似厕所。这就是有名的“仙人茅房”。这很有意思，我便尝试着跨了上去。粪块仿佛掉到白云里。与父母盖的厕所不同，现在我来到了中国，在仙人盖的厕所里解手。我觉得这样就离仙人更近了，成仙应该合格了吧。

眺望远方，莲花峰、狮子峰、净瓶峰、钵盂峰、海螺峰、松苔峰等群峰相连，好像就在眼前，伸手可及。振衣冈耸立在头顶，但因苔藓湿滑，无法攀登。

---

① 仞：中国古代的计量单位，八尺或七尺叫作一仞。

道仙一家　长生不老药

拜过正殿中白发银须的老子像，进了对面山上的罗汉洞。洞是在天然石头上挖掘的，里面供奉着约二十尊等身高的罗汉，都是很有写实风格的神像。洞中昏暗的光线令人毛骨悚然。在洞的下方发现光亮，我战战兢兢地下去一看，有一扇铁门。进入铁门，居然到了西阁的后面。直立正下方就是祖越寺，这是千山五大禅林之一，是唐朝以前建的。听说康熙、乾隆年间，皇帝曾御驾到此，所以才成为有名的古刹。可是清朝以后，佛教被道教势力排挤。祖越寺寺院结构之美不及无量观，一派残垣断壁。从这里走出几百米，沿着溪谷往西，就到了龙泉寺。钻进色彩浓重的山门，再进入带铁门板的石门向上攀登，数座伽蓝像倚岩临谷，宛如一幅楼阁山水画。

这里的僧侣和道士的习惯完全不同，而与日本的僧侣一样，他们戴着圆帽、披着袈裟。如把僧侣和道士比较一下，一个飘着沉香，一个带着仙气，两者各有特色。但是他们膜拜诵经的形式相似，僧侣把世尊称为释迦牟尼。牟尼在印度语中有“仙人”之意。从释迦在檀特山拜阿罗蓝仙人、郁陀罗伽仙人为师来看，也许仙佛本来就是一家的。翻开《列仙传》，第一篇是《老子传》①，老子也是道教的本尊，这也可以说明道仙一家吧。我在无量观看到正在炼长生不老仙丹的道士，还看到去后山采仙药的道士。我在白马会洋画研究所②的时候，曾经去访问南枝知一君和宫地严夫先生，向他们学过仙术。但绝不是因为被好奇心驱使而心血来潮。因为当时穷得没有钱交房租，买不起车票，风餐露宿，别无他路。从那之后，十来年也没有断绝仙缘，直到今天再一次来到仙境，并亲眼看到炼丹。

我拖着疲惫的双脚，黄昏时分返回无量观。室内已经黑了，却看不到准备晚饭的人。东瀛日出之国的半个仙人是不是被遗忘了？可左右两边的道士已经开始准备睡觉，我越发觉得心里没底。早上只喝了一碗高粱米粥，中午吃了两碗小米饭，现在肚子饿得咕咕叫。饿了就连小米饭都极想吃，又不能催他们端饭来。唉！没办法，只好一骨碌躺下假装睡觉。寒风吹拂着松柏，发出阵阵响声。半睡半醒中屡屡听到暴雨似的声音。

---

① 【编者注】《列仙传》的第一篇应为《赤木公子》，作者所言与事实不符。

② 白马会洋画研究所：1899 年成立，1911 年解散。以研究西方美术为主。

龙泉寺写生　破傻瓜纪录

天色尚早，我就与道士们一跃而起。为了弥补昨天的晚饭，我连吞了好几碗高粱米粥。今天早上除了通常的萝卜叶子汤之外，还添加了几碟咸菜，一碟蘑菇、一碟树芽、一碟韭菜花。每个菜都是带有仙味的，因为吃得太多，身体太重，觉得此时即使长出翅膀也飞不起来。

上午去了龙泉寺，在12号画布上画了山门。中午照常是小米饭。我想这顿饭可不能错过。我又多吃了一些，把昨晚耽误的都吃回来了，并把晚餐也带了出来。吃完饭登上伴云庵，看到十几名道士正在一起修行念经。

果然到了晚上还是没有晚饭。终于明白他们是一日两餐制。我要多睡多吃，把下次的觉睡够，把下顿的饭吃好，这虽是“傻瓜”的做法，可是我已经出色地破了傻瓜纪录。我国的律宗是下午什么都不吃。在佛教律部，有一条叫作“不非时食”，就是说过午不饮食，这跟道教同出一辙。从正午到第二天早上，一共十八九个小时不进食，对我这个不入流的“仙人”来说，是相当苦的。

山寺风流　绝顶失望

残月还悬在山脚时我就起来了。吃完饭，我担着写生箱，手拿 12 号画布出发了。今天不知为什么，心里格外欢喜，甚至坐立不安。

滑下一个雪坡，又登上一座山峰，到了玉皇阁。阁内几乎颓废。拜访了看家的老道士，他不能笔谈，用手指着自己的眼睛，好像在说自己是文盲，看不懂字，我觉得他很悲哀。从此向右走几百米，就到了慈祥观。院内有很多高大的梨树，可惜还没有到开花的季节。

在千山的数十个寺观内，都有梨树园。东北有名的酸梨就产自这些寺观。僧侣们并不依靠信徒的施舍，而是独立生存。我真想向日本的和尚进一言，希望他们不要紧盯着善男信女们那点儿私房钱，而该栽种一些梨树什么的，或摘其花，或采其果给养自己。陶渊明栽培菊花、林和靖种植梅树、七贤隐遁竹林，他们绝不只是为了风流。就连中国花王牡丹，除了可赏玩，其根的药用价值亦很高。樱树失去其木材价值的今天，许多日本人只是沉醉于樱花之美，与中国人相比，真是天生的不一样。

又越过一个陡坡，来到木鱼庵。黑砖垒起来的建筑物上画着丹青，这种样式同寺院和道观都有点儿相似。从这里沿着溪流向右走五六百米，到了中会寺。这是五大禅林之一，四面奇峰环绕，风景绝佳。这么好的景致不能不画下来，但是太阳的位置不好，我觉得眼花目眩，寺院和山峰收不进画面，只好画了一张铅笔素描，委屈了这绝佳风景。我继续向前面的陡峭山岭攀登，因为积雪融化，摔了好几次跤，怎么登也登不上山顶。汗水湿透了衣服，从额头流到嘴里。就这样我登上了宝台山的右侧。

视野突然大开，望见蜿蜒如波涛般的长白山向东南延伸，与天际相连。西南一带即是东北平原，地平线上没有任何障碍物。我坐在山上尽情眺望。而后从这里向下滑行来到大安寺。一路上我一直都像捧着宝贝似的拿着画布，可还是一不小心碰到岩石角上，画布破了一个铜钱大小的洞，这个洞让我心疼得要流下眼泪，比爬山摔屁股还心疼得多。

大安寺也是五大禅林之一，结构精美。背靠金刚山、通明天等奇峰，松树繁茂，幽邃美丽，在千山中最美。大安寺主人爽快地答应我可以在此住一个晚上，所以我再次登上山顶，把破了洞的画布用铅笔画上线，做成细长形的画面，画了一张落日映照下的长白山远眺图。

返回的途中，看见半山腰处有一罗汉洞。在一块大岩石的腹部，向里延伸又有一个三十间[①]宽的大洞，里面供奉着释迦牟尼、文殊、普陀以及十六罗汉的塑像，造像粗犷。为百姓提供礼佛，这也就足够了。

---

① 间：日本的长度单位，1 间约为 1.8 米。

被村民包围　全身雪达摩

第二天早上，我把大安寺画了下来，然后作为谢礼留下一枚二十钱①的银币，与一直把我送到山门的僧侣们告别，一个人寂寞地向香岩寺走去。

山路被雪遮盖，我不知不觉中迷了路，到了山脚下的一个村庄。叩开一家大门，门边出现一个秀气的美人，喃喃地说着什么，我听不懂，想用笔谈，就在我找画板的时候，她却退回深窗里去了。因为村里传开说来了一个怪客，村民们很快就聚集过来，跟在我后面吵吵嚷嚷。

我进了一家饭庄，喝了高粱酒，然后鼓起劲儿，沿着车马通行的大道向北行进。酒劲儿使两条腿直打晃，步履艰难。喝了中国酒走路就像鸻鸟一样，感觉不错。从贫穷的皈龙寺向右，走过坡道，横过一条街道向右看，有一片大梨园，每棵梨树都可以由两三个人环抱。从梨园中经过，用脚尖攀爬了几百米，到达香岩寺。这样我就把五大禅林巡礼了一遍。走了二十三个道观其实还没到千山道观总数的三分之一。

香岩寺背后是千人台，前面遥望东北平原，真是要塞之地。日俄战争期间，俄军以这里为据点，防备在远处柝木城的我方第四军。寺僧皆逃，一时没有人住。现在有时也成为马贼的根据地，骚然不宁。

寺僧将我让到上座，并端上茶点，极其热情。我想开始笔谈，他们再三挽留我住下，可是时间还早，我想再接着游览，便告别了寺院。

重新经过梨园，走了约十町②，来到太和宫。殿堂并不宏伟壮观，风景也一般。我从这里登上一个极陡的山坡，沿着山峰向左拐，突然迷失了方向。也许你会笑话我常常迷路，但是冬季山路不通，路面全是积雪，没有足迹，我现在才明白没有导游而企图绕千山巡礼的行为真是无谋之举。不过，其中也饱含着各种探险的神奇。从一开始我就预测到会迷路，如果舍不得赌上性命，那么满蒙旅行是不可能进行下去的。

从高处望见无量观的所在地，便信步向前走去。看见幽谷下面好像是寺院的房檐，于是我开始沿着直线往没有路的悬崖下面走。如果一步踏空，就会掉进两

---

① 钱：中国过去的货币单位。1 钱为 1/10 两。

② 町：长度单位，1 町约 109 米。

三丈深的雪堆里，立即化成全身沾满白雪的达摩。为了保护好昨天画的油画，我费了吃奶的劲。每当滑倒的一刹那，我就会一只手把画布举过头顶，下意识地保护着这张画，而另一只手抓住树根，保护自己的身体。如果不能同时进行，就用双手高举画布，顾不得保护身体了。突然脊背撞到岩石角上，疼得我简直要断气。这样反复了十五六次，终于到了山下。身体疲惫得跟棉花似的，幸运的是画没有损坏。此时我才意识到自己对作品竟如此爱护。

访问南泉庵，道士们对我浑身是雪感到惊讶，他们用手拂去我身上的雪，我喝了一碗茶后返回无量观时，天已漆黑。

登山艰难　创业更难

我扛上所有的写生工具，离开无量观，开始向普安观攀登。道路被雪覆盖，根本不知道在哪儿。我本想登上高处，从高处判明普安观的位置，现在想来这是不可能的。花了三个小时才到山顶，向四周一望，千峰重叠，连一个像寺观模样的地方都没有。加上风吹雪飞，进退维谷。

登是登上来了，可下山坡陡路滑，没办法，我只好扶着岩石，拽住树根，或者像螃蟹似的沿着山坡横着走。突然一块很大的岩石横在眼前，我向左向右费了半天劲儿，也没有找到出路，真是想哭。

没办法，豁出去了！我鼓起勇气，又向上爬了数百米，来到一个平顶山头。稍微安下心来，又走了几千米。可是逃出一处危险之地，又遇到一处，这次到了一块石壁下面。我觉得很难走过去，叹口气想了许久。无意中发现从岩石上垂下一条好像蛇一样细长的东西，抓住一头一看，原来是一条被雪盖住的麻绳。我把岩石上的雪用手扒开，终于发现可以放一只脚的石阶，真是天助我也！我的全身力气都集中在麻绳上，一边除雪一边一步步地开始攀登。风越来越大，画布被吹得啪啪响，身体好像要被吹跑了似的。我不忍丢弃画布，下定决心，只要我在，画布就在，我要跟画布同生死、共患难。我用力踩住石阶，向前一步步走去，走到尽头，终于到了普安观。

道士们不可思议地看着我这个稀客，露出惊讶的表情，那样子好像在说："你是从天上掉下来的还是从地下钻出来的？"不久我被带到一个房间。突然感觉到了一直被我忘记了的饥饿感。为了招待远方来的客人，道士们端上了腌黄瓜、煮豆子和玉米面饼。我吧嗒吧嗒嘴就把玉米面饼吃完了。

笔谈过后，我明白他们说如果登上后面的五佛顶，向南远望就能看见渤海湾。我只身轻装登上了五佛顶，却因飞雪蒙蒙，看不到远方。有几尊石佛分别矗立在几个岩角处，每座石佛都古色古香，使人联想到久远的时代。

殿堂后院的地上放着一个一贯①重的古钟，形状奇特。我拿出二十钱向道士买下这个钟，并送给他们一袋人丹作为招待我的谢礼，道士们非常高兴，一直送我走了两三百米，并再三告诉我回去的路。因为从这里要往下走到梯子沟，相当

---

① 贯：日本古代重量单位，一贯为 3 000 到 4 000 克。

难走，就像走在研药碾子的底上。走这段路可遭了罪。每次滑倒，古钟碰到石头，就发出咚咚的悦耳声。

傍晚回到了无量观，我向道士们讲了今天登山有多么惊险。老道士听了，拿出笔在我的画板上写下如此诗句：

创业难，创业难，创成家业，如登山。

山门美人斟酒　我的一首偈颂

前几天我只带一张画布出去，还被碰穿了一个洞，今天早上我吸取上次的教训，准备了三张 12 号画布出发了。为了避开翻山越岭之苦，我从东南沿山麓迂回登上中会寺，与主僧再会，格外兴奋。他把我带到里间，进去一看居然有一位婀娜妇人。听说千山是禁止妇女进入的圣地，现在才明白原来那是骗人的。

一个看上去有点儿粗俗的和尚为我炖肉烧酒。三人围坐在一起边喝边谈。虽然语言不通，有隔靴搔痒的遗憾，但进入山门能尽情喝酒就已经令人欣喜了，何况还有缠足美人给斟酒呢。这不能不说是山门里的奇迹啊！更大的奇迹是酒后还端上了大米饭。我为自己连有碗大米饭都惊奇而感到旅途的悲哀。

妇人躺在床上开始吸鸦片。那种懒散的姿态充分体现了画师歌磨[①]笔下描画的甜美。打下手的僧侣们时进时出，他们还在我面前展开几幅春画，我吃了一惊，不过这些和尚们都很能说。我也即兴作了一首偈颂：

读经念佛非真悟，肉蒲团上宜谈禅。

善哉善哉！所有的僧侣都拍手笑了起来。

中会寺山门美观、壮丽，居千山之首，四面山峰环抱、幽邃壮观，是应该爱护的灵台。傍晚，十几名僧侣聚集一堂，敲锣打鼓，合奏铙钹等乐器，在佛前礼拜诵经。音乐在山谷中回响，暮色降临寺院，山水也笼罩其中，独宿异乡山寺的千里游子，也融入了这寂静世界。

① 歌磨：喜多川歌磨（きたがわ うたまろ，1753—1806）。日本江户时代浮世绘画师代表之一。以用纤细优美的线条表现各种姿态、表情的女性美为特征。

骚动不安　不慌不忙的讨伐队

早餐有猪肉汤外加烧酒，说是接风酒，受到这样热情的款待，我自己也开始兴高采烈起来。昨天那个妇人跨上马，让僧人牵着缰绳下山去了。不长时间，我就在12号画布上把山门画了下来。这时来了一支十七八人的中国巡警队，每个人都背着枪，携带着喇叭等物品。由于他们过于抢眼的装扮，我想知道到底发生了什么事情，便与佩有金丝缎的队长模样的人开始了笔谈。他说："昨夜有一队马贼在大安寺过夜，我们去讨伐马贼。"我前天就是在大安寺借宿的，如果继续逗留一天的话，那可就出大事了。

巡警队到中会寺休息。主僧在什么场合都很慷慨大度。为犒劳他们，准备了猪肉汤、面、烧酒等食物。巡警队的人不断地跟我笔谈。

"兄台能画此景盖已测绘毕业生乎?"

"尔勿他游就在此庙为僧愿否?"

"虽欲出家媳妇唯离耐否?"

"特烦兄台画一夫妇狎昵①之状。"

问题问得越来越怪。堂堂巡警队正要去另一座山上抓马贼，不着急也该有个限度啊！我想他们是想拖延到马贼逃走了，再走个过场去袭击大安寺。如果不是这样，那他们为什么老远就吹喇叭呢？不是在通知马贼"在我们没到的时候赶紧撤退"吗？果然，他们贪婪地一直从中午睡到傍晚，才一边吹着喇叭一边开始出发了。在各地都能听到人们对他们的怨言。他们利用抓马贼的名义，连续几天住进民宅，大吃大喝，稍有怠慢，就会把饭桌子踢翻，蛮横粗暴。百姓们虽说怕马贼，其实更怕巡警队。

---

① 狎昵：亲近、亲昵且态度不庄重。

不怕与马贼同宿　绝命悲剧

今早的菜肴做得特别细致。猪肉里放了不知名字的蘑菇、草根等，米饭是用菜汤焖的，其味道难以形容。尽管主僧一再拒绝，我还是硬把三枚二十钱的银币供奉到佛前，随后离开了寺院。主僧送我到门外，依依不舍，如十几年的老朋友。

攀登到一个极陡山坡的半山腰处，有个叫凤堂观的小堂。旁边的岩洞内有个名为龙洞的小祠堂。越过宝台山，我再次拜访了大安寺。打听了一下昨天马贼的情况，听说巡警队来的时候，连马贼的影子都不见了。

我从正面把寺院全景画了下来，虽然太阳已西斜，但因已经熟悉了这一带的路，便向香岩寺出发了。通过金刚山南麓，顺路去圣清宫讨了杯茶喝。道士上下仔细打量我，问道："贵公可是日本道士?"我吃了一惊，明白过来了。原来我已是鬓发蓬蓬，我为自己已有几分仙气而喜不自胜。

天黑后，到了香岩寺，僧侣们一看见我，都用手势模仿开枪之状，示意我快点离开。我觉得奇怪，拿出画板开始笔谈。原来昨晚十八名马贼来此住宿，今晚也会来这里，所以僧侣们要我尽快离开。他们一副不容分说的样子，我也感到毛骨悚然。但是天黑了，也没有带路的人，在这深山野林中我毫无办法。我壮起胆子请求说："与马贼同宿也不怕。"可是僧侣们表现出平民遭受马贼迫害时害怕的样子，说什么也不答应。僧侣们的热心比我自身受难还重要，我只好肃然离开。

如果在途中遇到马贼的话，僧侣们的好心也白费了。尽管如此，在零下三十度的深山荒野也找不到住处，我心里感到深深的懊恼。夜色渐渐包围了整座山，耳边有掠过的风声、马贼的脚步声，我神经越来越紧张。本想去泰和宫住一宿，沿着溪谷向前走，结果不知道在哪儿走错了路，越来越深入溪谷地。夜色笼罩，我连方向都分不清了。饥寒交迫，死亡仿佛已在眼前。

完蛋了，我不由得"扑通"一声坐在雪地上。自己仿佛变成了两个人，一个好像要把失望的另一个自己使劲儿拽到哪里似的，另一个自己又想抵抗，从山的倾斜面滑下去。眼看着另一个自己就要被拖下去，一直滑落到深不见底的洞穴里。不知两个人的战斗持续了多久，我没有一点儿意识。突然睁开眼睛清醒过来的时候，发现自己好像已成了化石，失去了体温。我大惊失色，立刻站起来，开始在漆黑的夜里奔跑，我必须恢复体温。我现在所要做的，除了一直跑到天亮太阳升起来，保持活着之外，别无他路。可是这条路是否能行得通还是个未知数，只是总比等着冻死好。我尽可能地跑了又跑，可是，脚撞到树根、石块上，连半个小时都跑不到，就气喘吁吁地倒在了雪地上。爬起来又接着跑，这次不到二十分钟就摔倒了。就这样重复着同一个动作，不知不觉，好像越来越接近山的深处。积雪达到腰身，身体都动弹不了。这样可不行啊，我拼命挣扎，身体却一个劲儿向下沉。我意识到最后的时刻到了。我想象自己，咬破小手指，在一直没舍得丢弃的画布上写下绝笔，然后安静地去极乐世界。可是求生的执念让我不能因为这点儿困难就放弃。我一边咒骂着一边向前冲去。这哪里是踏雪，而是在雪中"游"，最后终于到了离自己最近的一座山峰。

前方看上去向南倾斜，雪不多，所以走起来轻松一些了。但灌木枯枝交错，并不像想象的那样好走。不知道怎么走的，走了一个小时左右发现山谷中有灯光。仅仅一点点的亮光，但对我来说就是生的希望。即使那里是马贼窝，我也要进去。在严寒中就这么站着的话，我就成了君子化石了。在这种特殊情况下，也只能做凡夫俗子。我胆战心惊地走到那里向室内窥视，有人，有人啊！有八九名粗壮大汉围着篝火谈笑风生。我觉得他们好像不是马贼，就进去乞求留宿一夜。壮汉们都把锐利的目光投向突然闯入的我，但一下子就明白了，把我让到上座，端上茶水。知道他们是伐木工，我心里的那块石头才落了地。篝火暖烘烘地烤着我冰凉的身体。

这些伐木工的房间有点奇怪，因为房子的结构过于结实。我向旁边看了看，一个老道士正热情地向我招手，我进去说肚子饿了，希望能给点儿吃的，于是有人端出来满满一大碗凉的小米饭和大酱腌的咸菜。咸菜有种臭味，吃起来像嚼蜡似的，我只吃了一碗。

我枕着写生箱躺下就睡了。幸运的是火炕很热，一点儿没感到冷，可是身体痒痒的，怎么都睡不着。把手伸进胸前挠痒时，手指甲缝里夹进了一只大虱子。我在道士的房间里一边捻着虱子一边抱怨这难熬的一夜，可怜啊。

危险时时逼近 灵台参拜初日

早饭是小米粥。吃完早饭后，我包了一个礼包交给道士，道士把礼包供奉到神龛前，为我祈祷旅途平安。离开这里，沿着山谷直接奔向泰和宫，可是因为这两天马贼出没，泰和宫大门紧紧关闭，怎么也敲不开。

我越过一座山峰来到朝阳宫，喝了杯茶，然后去访问太安宫。因为跟一位仙骨棱威的道士笔谈，用了多时才再次出发访问半山腰的慈祥观、洪谷庵等。不久来到一背靠陡峭山崖之地，雪路如镜。如果一步滑下去，就会一直滑到谷底，停不下来。所以我手脚着地，像蜗牛一样缓慢爬行。这时，有一位白发童颜的道士出现，他如走平地，不一会儿就到了山麓，简直像长了翅膀一样。

下了山坡，到山脚下的无量观分院休息片刻。道士的室内摆满收集来的奇木怪石，而且他识字。我正在用笔写字的时候，一支三十多人的巡警队又来了，他们说："得到昨晚马贼住宿中会寺的消息，现在过去讨伐马贼。"还是老一套，同样的做法。我前天就住在中会寺。危险无处不在。我急忙赶回无量观，做好明日下山的准备，并把无量观画下来。

今天是十二月三十一日，我与道士一起喝酒庆祝。

第二天早上，我去千山灵台上拜了新年第一天的太阳。然后雇了一个挑夫，担着写生工具和古钟，与道士们一一告别。一位道士提笔在我的画板上写下："君此来寒天雪地又兼茅屋蓬蓬，多有接待不堪抱歉抱歉。"众道士一直送我到山门外，依依惜别。

二　满洲乞食旅行

乞食起因　云游千里

近来，“满蒙开发”一词成了一般人的口头禅。不管张三还是李四都来满蒙视察，只是从火车窗户、马车上略瞧一眼，用走马观花得来点滴知识，就议论某个地方的风土人情，甚至谈论那里的经济财政等。这好比从烤鳗鱼店门前经过，没吃鳗鱼就讲鳗鱼的味道如何。据说中国人很吝啬，甚至对呼吸了他们房间里的空气都觉得心疼。我们想通过乞讨旅行，实际深入他们当中，真正接触、了解各地风土人情的奥秘。

我国的水户黄门①、北条时赖②等曾经是乞讨旅行的老前辈。如今，创造到遥远满洲乞讨新纪录的恐怕就是我们吧？这次旅行我们身无分文，也没有带任何能卖钱的物品，从安东县（今丹东市）直到大连，沿海岸线有一千里，乔装打扮成彻头彻尾的乞丐，完成了此次艰难旅行。同行者有宫崎凌云君，他是横滨人，会汉语。还有内野青花君，九州人，懂得医术。加上我，某杂志记者。另外，我从林营厂的林君那里要了一身他在长白山穿了三年的破衣服，缠在身上立即变成了地道的乞丐。

带上一文钱也会妨碍我们的乞讨修炼，所以我们三个人把钱包里的钱都掏出来，总共二十六元，从中扣除买二十双鞋的那部分，剩下的钱于出发前一天晚上，在安东县的旗亭福住宿喝酒花了个精光。这样，从明天起才算是真正的乞

---

① 水户黄门：即水户藩第2代藩主德川光圀。水户是地名，在今天日本茨城县水户市。黄门则是日本古代官名“权中纳言”的汉式名称。

② 北条时赖：北条时氏之子，幼名戒寿（一说开寿），日本镰仓幕府时代第五代执权者。以禅门外护而闻名。1246年，因兄长北条经时的禅让而掌权。1247年拜请道元，自执弟子之礼，且亲受菩萨戒，后创建长寺。1256年，前往最明寺出家。以道隆和尚为戒师，号觉了房道崇。1263年，卒于最明寺北亭，年三十七。

丐！日本的乞丐，当然有损于帝国臣民的威信，但要乞讨旅行，便只能如此。我想把在这千里乞讨途中的所见所闻和所发生的事情，直言不讳、原原本本地记述下来，但绝没有向天下传授在中国乞讨诀窍的意思。

徒步渡鸭绿江薄冰　勤劳中国人之印象

三个乞讨修炼者，只是没有身挎要饭兜子，其余装扮与乞丐十分相称。于二月二十三日上午十点，靠自己的双脚从新义州的日胜旅馆出发了。

要去对岸中国那边得从鸭绿江的冰上走过去。裹着沙尘的满洲风有了几分暖意，冰河开始解冻，表面光溜溜的，我们接二连三地滑倒，在冰上摔着跤。冰嘎吱嘎吱作响，危险极了，但是有几拨捡粪的中国人，毫不在乎地在险冰上穿梭往来。中国人本来就很勤奋，他们每天过江到新义州，把朝鲜这边街道屋外随地排下的粪块儿拾起，还淘茅厕里的粪便，从冰上带回安东县，作为自家地里蔬菜的肥料，再把蔬菜卖给朝鲜。简直就像日本办法事时，用别人拿来的牛蒡做精进料理（斋菜），还要收人家的香钱一样。话说回来，朝鲜人也真够懒惰的。可惜自己家的粪无偿地献给中国人，用来肥沃他国的蔬菜田，真是不争气啊。我很奇怪自己竟有经济学家的头脑，想着这些事情。不知不觉就到了对岸的六道沟。

江岸堆着伐木公司的木材，一堆接一堆，不知道有多少根。鸭绿江制材会社里的蒸汽飘过房顶，锯木头的声音在寒风中阵阵喧嚣。我们为日中合作事业的盛况感到高兴，从公司院内穿过，我们向西南方向走去。前方宛如狩野派①笔法下的山峰一样巍峨连绵，只有山峰上的残雪还能使人感到一点儿余寒。阳光映照着杨柳，微风拂面，真是个旅行的好日子。

此地不愧是邻近鸭绿江口的沿岸，土地辽阔，呈现出大陆的开阔色彩。中国人的粗放耕作方式好像使得他们总觉得土地不足，就连介于平地之间都是石块的山峦中，只要有一点点表土，他们也会开垦成田地，甚至一直开垦到陡峭的山岭上。对比鲜明的是朝鲜那边的田地还没有一块堆肥的，而中国这边却早早把粪土运到所有的田地里。朝鲜人的懒惰和中国人的勤奋，一江之隔就能分辨得清清楚楚。除了耕地以外，这里的山林都是柞树林，即山蚕的放养林。柞树属橡树、柏树类，利用天然树林养蚕是中国人最擅长的，这一地区是山蚕的出产地。

---

① 狩野派（かのうは）：日本绘画史上最大的画派。创始人为室町时代御用画师狩野正信（1434—1530）。其君临日本画坛400多年的历史，对日本美术界影响颇大。

红绳女婿 众人不识字

走了十来里路，到达五道沟。沟上架着一座罕见的石桥。标石上刻着“普济桥”，建于民国元年（1912）。在中国旅行几乎看不到桥梁，这座气派的石桥想必是借了革命维新的光吧？途中路旁临时搭建的棚子里敲锣打鼓，好不热闹，不知发生什么事了。过去仔细一看，院子前面放着两台轿子，原来正在办婚宴。院里还搭了一个大帐篷，主人在帐篷里招待客人喝喜酒。房子小，竟能想出这样的好办法来。

又走了一段路，对面迎来一辆套着四五匹马、插着红绿彩旗的马车，随后是新郎新娘的轿子。“咚呛！砰砰！”一队人马敲锣打鼓热热闹闹地向前走着。中国的婚礼一般都请乐队活跃气氛，很气派。新郎脖子上挂着两条红绳，衣冠楚楚，坐在轿中。原来红绳就是结缘之物。今天是阴历正月十七日，途中遇到五个婚礼队伍，看来一定是个黄道吉日。

正月的门前挂饰是在一个高高的杆子上插上松叶，杆头上还装着一个风车，我觉得很新鲜。路过的每一家门上都贴着对联，写着吉利的联句。其中竟有“积善之家；修德于己”这样赞美自家的对联，在我看来有点滑稽。还有一户在只有三间破房子的院门上贴着“富厌陶朱；金撑北斗”这种可笑至极的对联。这一带家家都养着几条猛犬，防止偷盗，所以一看到旅行的生人，它们就立即吼叫，飞蹿过来。因此，在中国旅行一定要携带一根六尺木棒。狗跑过来的时候，伸出木棒，狗就会在木棒前端停下来。不知道这一招的时候，我们真被吓得脸色铁青了。

走了有三十里，进一家茶馆休息。我们对周围的几个人说：“请把村名写一下。”结果竟一个会写的人都没有。屋里屋外聚集了十七个人，居然都是文盲，这可真出乎意料。正宗的文字本家却连会写村名的人都没有，太难以置信了。这时其中一个人说：“村子里有一位先生。”过了十五分钟左右，他把村中的先生带来了，于是我们才知道这个村子叫铜矿岭。听这位先生说，这一带以前发现了铜矿，中日合作采掘矿石，并卖到日本的大阪。这里不是很大规模的矿山，而是从平地挖掘矿石，老先生说这很有意思。

隐匿六枚硬币　今夜无钱住宿

从茶馆出来继续行走大约五里，来到合场沟。又进了一家茶馆免费休息。旁边有个人大口大口地吃着一种粉色的米饭。哎哟，真是不同寻常的饭啊！一问店主才知道这个地方的稻子打出的米本不是红的，而焖出的饭却变成粉色。此时中午已过，加上粉色米饭的香气勾起了食欲，我们的肚子都开始咕咕叫起来。讨饭同仁你看我我看你，因为还没有经验，怎么也说不出讨饭的话。这时内野君拿出为万一急需而偷偷留下的六钱，要了烙饼。内野君秘密为生死存亡关头预备的钱最终在半天之内就拿出来了，看来在饥饿面前没有比人更脆弱的。烙饼是用秤称重量卖，多出的重量也不容分说地切掉，由此，我们对乞讨旅行的前途感到十分悲观。

今天的行程只走了五十里，脚就相当累了。虽然太阳还挂在柞树林上空，但我们得马上计划今晚的住处了。乞丐所住一般是别人家的房檐下，可中国人家大门口都有一只长毛狗守门，也没有空的寺院，不得已只好决定住进旅店。当然是没钱住店，可今晚要偷偷装作上等客人，明天早上再说出我们是要饭的。最初尝试的乞讨术也够卑劣的。不过为了观察人情世故，没有这点蛮横无理怎么行呢？就这样自寻理由，大胆地住进了河心沟天合店。在中国称作“店”的一般是指旅馆，都市的大旅馆称作“客栈”。店一般在门头挂着类似军旗的红色的幌子，所以一下子就能看明白。

住宿费是三十钱，包括五道菜，有肉、菜和米饭，还有一瓶烧酒。这是最上等客人的待遇。一宿十钱的客人吃的是豆腐汤和苞米饼。苞米饼就是用玉米面粉做的饼，是中国普通老百姓的家常食物。在这里只住宿自带柴火做饭的人每人四钱。我们一行人断然选了最上等客的待遇。这地方燃料不足，把枯草塞进灶坑，锅灶旁安放着风箱，呼哒呼哒地拉着。余烟弥漫在狭窄的室内，呛得人鼻涕眼泪一起流下来。合住一个房间的是两个中国客人，一个是耍猴的艺人，另一个说是去安东县理发顺便看戏的。他们自己带着被褥。旅店里没有被褥，我们只好穿着衣服躺在炕席上就睡了。第二天天亮起床后，我们决定不洗脸也不吃饭就出发。中国的旅行者一般都是这样。担任翻译的宫崎君对店主说：“实际上我们没有钱。所以宿费只能您发慈悲免了。”店主一听说：“哎呀！这是干什么，没钱在住宿前就说没钱好了，我也会高兴让你们住一个晚上啊。可昨晚信口开河，今早又说没钱，这就是本性不好了。没钱那也没法子了。”没法子是说没有办法，是中国人在死心放弃的时候常说的一句话。店主也没有怎么发怒，最后还让我们心情愉快地离开了那里。这样第一次乞讨实践算是通过了，但是这种危险的做法作为乞讨兵法是不能令人心悦诚服的，所以我们决定以后不用这种办法了。中国人具有大陆国民性格，的确是大度达观，但也有吝啬的一面。佐佐木安五郎等常谈及中国国民性，以此作为对中国外交的秘密武器。

公开赌博　朝鲜人的同情

日出而作，清晨上路。满洲二月的晨风刮在我们的脸上，我们感觉好像刀割一样。在这寒冷的早晨，当地百姓已赶着四五匹马的马车往地里运肥呢。这些肥料是挖掘沟渠沼池里堆积的冻土，所以远处近处都可以看到挥动洋镐的身影。这是此地冬季例行的一大农事，听说这种掺土法很见效。

走了五里路，到达名为“大映壁山”的村庄。从今天早上开始，我们越来越认真地修炼乞讨，先小心翼翼地进了一家小户农家，男子都去地里干活了，只有一个妇人看家。我们向她讨了早饭，妇人没有害怕日本人的样子，说：“剩饭不在乎吧”，还切了一些咸菜，给我们每人盛了一碗，端到我们面前。是玉米碴子掺了点米熬的盐粥，吃到嘴里好像在咀嚼小石块一样。可这是农民的家常饭，能掺上一些米粒的就是好的了。强咽下一碗，我们又在隔了五六家的好像稍为富裕一点的人家门前站住讨饭。这次给我们拿出来三四根煮玉米，我们感到这户人家很亲切。就这样，我们讨到了这里人们的日常食物，玉米碴子粥和煮玉米，也积累了一点经验。讨得到食物对乞食旅行家而言是好事，但站在寒风中吃还是有损日本乞丐的尊严，所以我们就到村口茶馆休息，喝着免费的茶，把玉米烤一烤吃了。在中国只要一杯茶的话，任何地方都会免费端出。这个茶馆里围坐着几个人，玩着长条形的赌牌。把赌注往里一扔，大家就喧嚣着赌起来。问他们：“不害怕警察吗?”他们说是只有正月可以公开赌博，连警察也可以放心大胆地赌，但往后就不能这样了。真是有趣的法律。

离开茶馆，我们继续向西走。昨天在途中偶尔看到水田，今天看到的都是成片的旱田。太阳也像往常一样暖和，看到妻子骑在马上，丈夫紧随其后的样子，我觉得又傻又可笑。对面还走过来坐在马车上回家的新娘和扯着缰绳的新郎。我们走过用牡蛎壳垒成墙的村庄，心想应该离大海很近了，从早上到现在行程三十里，到达石佛山村。山门庄严的寺院变成了巡警局，嘴里骂骂咧咧、身扛步枪的巡警站在那里。

到这村子的茶馆坐下，一个卖豆腐的用秤称量豆腐，一斤三块，一钱五厘的分量也要加加减减。我试着讨一块豆腐，对方说是卖的，没钱绝对不行，碰了一鼻子灰。此时一旁躺着一个穿汉人服装的朝鲜人，姓朴，看到刚才的一幕，知道我们是日本人，他格外高兴，如同在异国遇到同胞。他说：“其实我在途中得了脚气，在这家店里休息了一个星期，路费也花光了，正在等着从朝鲜老家寄钱来。”他日语说得很流利，还吩咐店主给我们每人一个大馒头。这两天没有见过一个朝鲜人或日本人，今天突然在途中遇到朝鲜人，我们也感到像见到同胞一样。朴拖着瘸脚，一直把我们送到门口，把钱包翻了个底朝天，找到十钱银币要给我们，他的热情难得，我们心领，但他也是处在艰难的日子当中，我们怎么收得下这钱呢？便推了回去。可他说两三天之内钱肯定会到，所以不用担心，硬把钱塞到我怀里。新的“同胞”发自内心的同情差点使我落泪。

这一带的湿地长着茫茫芦苇，干枯的苇穗被风吹起层层波浪，这是中国唯一一种凉席的原材料。[①] 众多的马车在大道上往来穿梭。

① 【编者注】作者所言不实。

大东沟市街　两家饭店两名巡警

又徒步二十里路，顺利到达有名的大东沟。这个市街距离安东县有一百多华里，位处江边。依照1904年日美协商条约，这里是共同居住地。日军在此驻屯的同时，也设置了军政机构。以前在此还设立了中日合办的安东县鸭绿江木材公司支局，其势力超过安东县木材公司。而如今日军的军队、军政机构都已撤退，木材公司支局也撤走了，越发没有了朝气。现在这个有八百户中国人的市街，空寺院很多，壮丽的天心寺充当了兵营，挎枪带刀的哨兵敞开自己的胸襟，翻找衣襟里的虱子。我们向队长申请到寺院里参拜，对方以此地乃兵营为理由拒绝了我们，但回答我们说这里有士兵六十人等，也算是对日本乞丐比较尊重了。除了士兵之外还有巡警队、电报局、海关等。

这里现在日本人只有五六户，不过三十来人。除了安东警务所分所以及邮局属官厅以外，日本商人只有两户料理店，五名女服务员。两个料理店有两名巡警保护，可以说能得到警察无微不至的关照。江幡巡警请我们喝了茶后，我们便离开了这里。由此向西悠悠数百里，将不再有我国官府的保护，即属于我国势力范围以外的危险地带。我们的乞讨旅行很轻松，除了身上穿的破烂乞丐服，别的什么东西都没有，不用担心被盯上。所以在中国内地的旅行没有比这样更好的了。

走了二十里，看见一户人家房顶上挂着“太公在此”几个字。我们到了名为“柞木子”的地方，于是决定到这里的富顺客栈住宿。这次我们一开始就坦白说明是没有钱的乞丐，能否讨住一个晚上。店主竟然答应了。我们几个人住进客栈，免不了与散发着臭韭菜味儿的中国人并枕而卧。但店主用芦草把火炕烧得很旺，我做着暖融融的美梦，睡得很舒服。此时的中国人跟平时的吝啬完全不同，出乎意料地对日本人富有同情心，令我感激涕零。

葬礼上的吊唁　寺院里的农事

鸡鸣三时，客栈里的中国客人就起床收拾行囊出发了。我们也冒着拂晓的寒气启程了。“鸡声茅店月，人迹板桥霜。”不一会儿，胡子上就挂满了冰珠子。

走过一个村庄，迎面遇见个丧葬队，他们举着几面灵幡，敲着铜锣，吹着笛子。有二十来人抬着棺材，加上乐队演奏，可谓是为赴地狱壮行。还有一道奇景是七八个人跟在棺材后一齐大声哭叫，其哭喊的调子好像合着某种拍子，富有音乐感。并且，每走一百步，就燃起烽火，燃放吊唁的鞭炮，葬礼十分壮观。我们跟着这支队伍走了一段。他们有时把棺材放到路上，插上写着名号的一丈左右的红旗，在其前面打上供台，摆上供品，一个看上去不太像和尚的老翁敲着木鱼，唱着莫名其妙的咒文，每走一两丁[①]就举行一次这样的仪式，真是太不着急了。

我们又走了五里路，在古垤道村店讨了早饭。又继续走十五里到达砂子岗，这是一个不到一百户的海边驿站，卖蛤蜊的店很多。令人吃惊的是，这个小驿站居然还有两名日本妓女，而且她们都有靠女人吃饭的丈夫。看到我们过来，到底还是有点良心不安，便紧紧关上了拉门。

驿站边有一座高高的山丘叫龙峰山，山上有个十分壮观的寺院。院内香炉留有香纸的残灰，供奉着数十尊佛像，都是用泥土做的。我走过去拜了一拜，便去拜访住持僧的住所。门内有几头牛和马，一个僧侣正在给其他僧侣分配工作。中国的僧侣不是靠刮死人的油吃饭，而是靠自己的双手劳动，这很令人敬佩。如古董般泰然的老僧招呼我进了室内。佛坛前一副对联写着“元酒可通神；黄牛能致富”，中国的佛教真是很开明。可是，这位高僧居然目不识丁，更不能笔谈。这位大字不识的高僧，为我们炖了整整一条大鱼，除了请我们喝高粱酒还准备了玉米午餐，并自豪地告诉我们建这个寺院共花了八千两银子。

今天发现了乞讨的一大秘诀：百姓家比旅店好，僧侣家比百姓家更好。刚才我们还没张口讨饭，僧侣就施物给我们，而不是施法。也就是使我们脱离了乞丐身份，成了高贵的客人。

---

① 丁：书中有时也写作“町”。1 丁约 109 米，或 60 间。

乞药村民　善良村长

我们离开寺院，踏着沙沙作响的冰河来到郊外，沿着一排向西直线排列的电线杆前行。经过一个又一个有山又多杨柳的村庄，走了二十多里，然后登上一座高山。一直广阔无边的耕地突然变窄，三面被山峦环绕，向南眺望，看得见大海，还隐隐约约看得见岛屿。又走了十里多路，没有一户人家，一行人在寂寞中继续赶路。这时，后面远远追来一位中国人，一边跑一边喊："喂——喂——"到底什么事？我们停下脚步，那个人追上来，上气不接下气地说："有个急病人，有生命危险，你们有什么灵丹妙药可以救救他?"他恳切地哀求我们，我们说我们不是卖药的，叫他回去了。我突然来了灵感，作了首诗。

诗满奚囊不觉贫，飘然幽讨水云身。
山中被误炼丹客，路上时逢乞药人。

到达姜家屯的时候，天已经黑了。我们打算今夜就尝试一下向民宅借宿，于是到村长家讨宿。村长姓姜，热情地接待了我们。我们的乞讨术又有了进步。到村长家讨宿，比以赚钱为目的的旅店好。我们体验到村长家是讨饭旅行者的好去处。

夜里，村长为我们拿出毛皮铺在身下。炕烧得热乎乎的，让我们感到十分温暖。炕下用的燃料是这个地方产的煤末儿，一般把煤末儿做成煤砖使用。村长的孩子、妻子觉得好奇，偷偷地看着我们。主人看见我在灯下写日记，担心起来，我说我们不是调查国事的。中国的村长都是没有工资的，在很多地方都是由有钱有威望的人担当，好比是一种荣誉。

路经马贼村　旅馆大骚动

早上我们还没起来，主人就周到地把火盆搬到我们床边，用煤砖生起火。我们起床后，洗脸盆里已倒上了热水。这是在旅馆里根本享受不到的待遇。隔了三天，今天总算洗了一次脸。猛地发现村长的儿子捡来我昨夜便后用纸，在他父亲面前把它展平。我大吃一惊，觉得所有中国人都不同寻常地珍惜纸，很多街上都有惜字箱，把带字的纸捡起来扔到这个箱子里，也就是敬惜字纸。我们吃了玉米碴子粥，早上八点出发了。

今天赶上满洲寒日，寒风刺鼻，烟尘浊黑，天昏地暗。我们手脚都冻僵了，想进某户人家烤烤火，但吃了闭门羹。后来才知道这一带是马贼村，人情淡漠。所谓马贼村，就是平时在家里做老百姓，趁农闲去远征当马贼，所以也就是以马贼为副业的村子。走了十多里，来到一个小驿站，名为“黄土坑”，只有四十户人家。如此孤村竟有一家日本药店，药店济生堂主人警告我们：“去年这一带马贼来袭过四次。今年卖药的日本人就在冰河上被杀害，钱被抢走了。所以路上一定要小心。”真是令人毛骨悚然的地带啊。

这里是大洋河河口，是大孤山物产集散地。又走了十里，就到了大孤山。此地不负盛名，是日清战役中日军登陆的地点。巍峨耸立的天门山脚下，坐落着有三千多户人家的市街。巍峨独立的山峰上生长着松柏，在半山腰恰到好处地建着一座寺庙，如此风景绝佳之地，我们在旅途中初次遇到。大孤山 1909 年隶属日本管辖圈，当时日本人有三十户，还曾设警察署、邮局。可是因为同年两国官府发生冲突事件，日本人渐渐都撤退了。从这里以西属庄河厅管辖范围，是不允许任何日本人居住的地方，即所谓的未开放地区。这里的中国人对日本人没什么感情，看来讨饭旅行的难关还在后头呢。

我们在黄沙弥漫的寒风中继续着悲惨的旅行。很久碰不到给一顿饭的人家，抱着饿瘪了的肚子来到云房子村。天已近黄昏，看来民家是不会让我们住的，我们索性鼓起勇气走进旅店，虽然没钱，爱怎么样就怎么样吧。神色难看的店主爱搭不理地接待我们，让我们碰了一鼻子灰。我们低三下四地说好话请求店主，他终于答应让我们住店。但是一人一顿饭要三十钱，还要先付，店主越来越不像话，越来越难为人。即便如此，我们也没有别的办法，索性不跟他客气了，甩过去一句“明天付钱”便进去了。前几天那个朝鲜人给的十钱一直放在钱包里没用，所以就把这个钱抛过去要了瓶黄酒喝。一顿三十钱的饭只有苞米碴子粥加上大酱，简直贵得没边儿了。但一想到明天拿不出钱，也就只好咽下这口气了。店主看到我在昏暗的灯下写日记，就没好气地说："油都烧没了，快点睡。"吝啬无情到了极点。我不禁担心起明天早上要进行的食宿费一笔勾销的交涉。但旅途疲劳，不知不觉进入了梦乡。墙上的虫子彻夜叫个不停。

还没到早上，店主就带着怒气大声嚷嚷着叫我们起床，喊声如雷。我吃惊地抬头一看，店主气势汹汹地嚷道："喂！昨晚在煤末儿堆里拉屎的是谁？刚才去取煤的时候，臭气熏天，一定是你们几个，有纸作证。中国人是用秸秆的！"我们想瞒也瞒不了了，证据确凿，无言辩解，只能一个劲地赔礼道歉。煤粪事件好歹平息下来。实际上昨天半夜，我在中国茅厕——蓝天棚下要解手时，好几头猪从四面突击过来，我只好退到煤末儿堆的低洼处解了手。在中国旅行，一般人家都没有厕所这一点让人感到十分为难。院子就是厕所兼猪圈。

一个难题解决了，还有一个食宿费的难题。本来我们决定不再用这种危险的做法，但实在是不得已，又陷入如此困境。这个店主从昨晚就让人感到恼火，事到如今我们也不在乎了，于是对店主不客气地说："告诉你，我们没有钱，住宿费就请免了吧！"店主一时懵了，显得很吃惊的样子，突然瞪大眼睛，骂起来："你们这些东洋鬼子！钱不要了，去去去！快给我滚！"凡是骂人的话都让他骂了。此地不可久留，听到最后"快给我滚！"这句说明他不再追究此事的话，我们赶紧趁机离开此店。高价饭钱的事就用煤粪事件抵销了，要说痛快倒也痛快，但再一次证明中国人的达观大度。如果换个位置，中国人在日本旅馆上演同样不讲道理的闹剧时，日本人是不是也能用一句"没法子"就了事呢？

七名学生的学校 燃料不足之惨状

照这样下去，往后的乞讨旅行前途岂不更惨？每天靠打架度日也不好过。不过，世间有鬼也有佛，也用不着那么悲观吧，我们振作精神出发了。早晨的风很平静，阳光明媚，天气渐入四温[①]之时。走了八里，到达林家坨子村。第一次参观公立小学。教师一人，学生仅七人。尽管如此还是称作学校，这是很少见的。教师教学生读附带插图的百家姓、千字文，他们读的千字文与“天地玄黄”的千字文有所不同。二百三十户村民中只有七名学生，难怪中国人文盲那么多。

知道我们没钱的范老师热情地招待我们吃了早饭，而且是盛满大碗的米饭。这样的美味一路上还是第一次吃到。今天又长了些学问，在中国乞讨旅行，学校是不能错过的好地方。我们在此休息了两三个小时，看了看他们上课是什么样子，又继续赶路了。天气越来越暖和，与在饥寒交迫中行走的昨天相比，今天简直是极乐旅行，穿过了几个杨柳繁茂的村子，四面山峦环绕，村外的土地似乎变少，石块渐多。本来我们是计划沿着电线杆奔向大孤山的，但从昨天起没有电线杆了，时常迷路，边打听路边走，一天下来走不了多少路程。中国的路一般都是人们信步走出来的。

路上遇见一个长着瘤子的老爷爷带着一个儿童，我们跟着老爷爷同行了五十里，来到海滨城镇青堆子。这座市街有五百户人家，其中有一家日本人开的药店，打着同仁医院的招牌，夫妻二人当医生兼护士，在遥远的边境从事治病救人之职业。这一带也是未开放地区，因为他们从事的是治病救人的特别职业，所以人们逐渐习惯了他们在这里居住。我们在医院喝了碗茶，因为脚疼，他们还给了我们一瓶碘酒。这也是托同胞的福。离开这里走了一会儿，迎面遇上一队吹着喇叭的巡警。听说是马贼讨伐队，扎着羊角辫的孩子们好奇地跟在后面看热闹。

太阳暖融融地照着我们的行装，天空飘着一只拖着长长尾巴的圆风筝。我还是第一次看见这种满洲春色。我们屡次用打狗棒驱赶吼叫的猛犬。火红的太阳落入杨柳，夜幕寒气渐袭大地，此时到了郭子屯，一家又小又脏的旅店赐给我们一个晚上的恩惠。店主说：“光住的话可以，烧炕用的玉米秸秆一捆要四钱，这个

---

① 四温即三寒四温，日本人的说法，意思是在冬季，如果有三天持续寒冷，那么之后的四天将会持续温暖。中国也有类似的说法。

钱再怎么说也要付。”可是我们一分钱也没有，主人可能觉得我们可怜，给我们煮了碗馄饨吃，还送了两捆秸秆烧炕，但炕也没热，始终冰凉得难以入睡，我掀开炕席一看，下面竟是雪白的霜花。

形式公告牌 庄河厅排日热

昨夜冰凉的炕睡得我骨头发麻似的疼。我们要了一点主人舍不得的玉米秸秆烤烤手，然后迎着拂晓的寒风出发了。行了十里路程，到了上达里村一家小茶馆休息，一碗米饭三钱，店主爽快地给了我们每人一碗。室内贴着禁止赌博的公告牌，其文如下：

诸众乡民，安分为先。各守其职，理所当然。时代改革，诸事变迁。理行阳历，早遭新年。扫去旧习，阴历已免。新历监督，禁赌更严。本所查拿，为保治安。先行布告，后加防闲。自此以后，切莫赌钱。倘敢故犯，拿获送官。罚办必重，后悔晚矣。

就连一篇禁止赌博的公告都写得如此工整押韵，真不愧是汉字王国。在庄严的公告背面，官民都沉溺于公然赌博之中也是很滑稽。离开此店又走了不远就到了小孤山村。小孤山麓上一条弯弯的小河被坚冰封住，杨柳绵延十里之远，还没有垂丝。路上遇到一名巡防人员，穿着浅黄色棉裤，屁股后面露出棉花，挎着旧式小剑。问他这条河叫什么，答曰："Yintou He。"想问他汉字怎么写，拿出笔记本来递给他，他连说"不知道"。他也是个文盲，靠月工资九元维持生活。他诉了一肚子委屈说："世道不济，真难啊！"他也是国家军人，真是没出息。

今天的行程中，平地点缀着丘陵，路自然也就上上下下，脚疼得厉害。加上下午开始寒风卷着沙尘，十间以外的距离就模糊得看不到人影。到午后三点走了四十五里路，来到一个小村子。因为太饿了，所以进了一家看起来好像富裕的人家。男主人很潇洒，拿出印着"边国臣庄河县人"的名片，说："长子今年上学了，如你们所见，剪了辫子。"他还自豪地向我们展示他的辫子。主人家为我们做了各种菜，还请我们吃了红豆小米饭。问他村名，他说叫"Kan Tong Bei"，问汉字怎么写，与主人在一起的五六个人都说不知道。于是主人去请村里的先生写，花了半个多小时，回来说没有见到先生，所以不知道怎么写。

离开这个村子奔向庄河。平沙广漠无涯，突然想起"孤蓬自振，惊沙坐飞"的诗句。行五十里到达庄河。这里是庄河厅所在地的一座城，城内有五百三十户人家。守城门的巡警戴着草帽，冻得哆哆嗦嗦。这座城中不允许任何日本人居住。询问了三四家旅馆，都吃了闭门羹，可见排日思想严重。有的旅店说让我们洗了脚再进入室内休息，有的说略有不便请回。大概都是害怕过后官方追究，留下后患。

我们被赶出来，在市中心转悠，晚景由麻雀色（褐色）变成黑褐色。饥寒交迫之时，更加痛感旅途的悲凉。不过正应了“车到山前必有路”这句话，正当我们走投无路之际，突然遇见了宫崎君在安东县认识的一个中国朋友。简直像小说中写的一样。那个朋友带我们进了市郊一家叫作“义顺客栈”的大旅馆，终于可以让我们住下了。我们深感在这排日思想严重的地区，没钱住宿是不容易的。于是大家脱掉外套，装作上等客的样子。唤上来三人鼎足火盆，要了当地特产炸牡蛎，还要了黄酒。然后和中国客人一起挤在一个炕上，要睡觉前，开始收住宿费了，当收钱盒子传到我的枕头旁时，我大声怒吼：“日本人是站着的时候才付钱的！”于是今夜就这样平安地过去了。

庄河游览　一首诗价值三元七十钱

直到第二天早上，我们的乞丐身份也没有暴露。早晨先要了一瓶酒，点了一份醋拌牡蛎。烈性烧酒一下肚，像把堵在胸口的块垒都浇掉了一样，我一下子就兴奋起来。如果暴露了乞丐身份，岂不成为大笑话。不如先发制人，我们想主动向巡警局提出住宿费一笔勾销的申请，于是跟宫崎两个人逃避兼观光去了市内。

市街一眼看上去很有旧都风貌，从光绪三十二年（1906）起这个地区就设立了衙门。庄河厅三重门威风凛凛，名为“庄河海防抚民府”。房顶上的钟非常漂亮，再仔细一看，门上贴着“裁决公平，爱抚众民”的句子，让我觉得很可笑。还贴着“已过灯节莫赌钱”。这个公告牌好像告诉人们从灯节到正月十六之前可以赌博。很多人聚集过来读着这些文字。

西门楼上凸起一座高高的哨兵台，这里是巡防队的军营。门前的步兵卸下身上的枪剑，悠闲地晒着暖洋洋的太阳。门头上却用红纸贴着“巡即守也，防者御也”的对子。卧而御敌，简直比孔明弹琴还厉害。另外吸引人的还有“快哉慕民平和，壮哉政治光明”这样自吹自擂的词句。只是字句写得很了不起，不知是此官厅下的人民粗暴，还是衙门有问题？前几年因为增税问题，百姓发动武装暴动，三千民众涌进城内，最后动用了奉天援兵。去年又是暴动四起，逼近庄河厅，这次招来了凤凰城马廷亮大军援助。总之，庄河厅是常发生纷乱暴动的城市。这里地势高峻，从市内就能看到遥远的大海，现在还是结冰期，看不到碧波荡漾的海洋，但是隔堤杨柳，大岛小屿仿佛触手可及，不失为险要之地。

到了巡警局，向穿着比乞丐服还破的哨兵提出要求会见署长。于是我们被带到署长办公室，赐给我们的名片上印着“庄河厅警务长公所巡官王庆云　辅臣通化人”。我有意尝试一下笔谈，于是他让一个十五六岁的书记员读写。后来一问才知道这个署长也是目不识丁的，就是所谓的买官高升。不过署长倒是一个很有人情味的人。我们解释了自己是没钱旅行，他说：“是这样啊，那就包给本官吧。”于是立即派管辖区的巡捕去了旅馆。

巡捕对旅馆主人宣布：“这几个人的住宿费由衙门来付了。”店主答应了一句之后，又说：“这几个人的住宿费没有政府承担的道理，如果只是住宿费就算了。这几个人从昨天晚上到今天早上命令我们端酒上菜，最后说没钱，本性太差啊！”店主严厉地教训着我们，巡捕回去了。旅店里的人们把我们围住，开始对我们的外套、披风、手表、靴子等进行估价。宫崎君和店主谈免除住宿费的事情，可是毫不见效。最后宫崎把我叫到店主房间，说最后试一试用笔谈交涉。

店主不识字，室内住着一个有学问的商人，商人代替店主开始与我们笔谈。最后我给他即兴吟诗一首：

万里空囊奈冻饥，肯辞漂母一餐慈。
先贤未免寒酸事，会见源明乞食诗。

商人拍腿叫好，回头看一下店主说："这些日本人信奉儒教，很有学问。宿费我替他们付了，再让他们住一宿，明天早上叫他们起来。"店主这次唯唯诺诺地应着。商人立即从囊中掏出钱，替我们把到明天早晨的费用——三元七十钱都付清了，并且还给了我们六个面包，作为明天的饯别礼。这个商人姓杨，海城人。我少年时代学习诗歌，来到中国竟然用诗歌换来三元七十钱，真高兴。

中国人的宽容　学校的款待

早上七点左右，我们向商人和店主再三表示感谢后便启程出发了。天气好极了，晴空万里。路上背着青菜或木柴的人马接连不断，奔向庄河。早饭是向路边一户农家讨的。我们的讨饭技术越来越高明了，还懂得了储蓄呢。我们进入一户农家，一位老婆婆正一个人做饭，她见我们进来，也不惊慌害怕，让我们坐下，给了我们刚刚煮好的玉米以及咸菜，最后还给我们倒了茶，我们打心眼儿里表示感谢。宫崎君对她一会儿尊称阿姨，一会儿尊称姐姐，为了让婆婆开心，他把所有尊敬的话语都奉献出来了，真滑稽！

告别农家继续前行，耕地渐渐变得狭窄，蜿蜒的山脉如波涛般呈现在眼前。因为解冰期临近，很多山东来的苦力陆陆续续向安东方向走去。中国每年出来做苦力的人，都能把挣的钱攒起来，虽然背井离乡，但春节必定返乡回家，给祖先上坟，看望妻子儿女。可是日本人呢？打着“满蒙经营者”的旗号吹大牛，甭说每年回老家了，一年下来剩下的只有虱子和当铺里的当票罢了。另外，让我觉得不可思议的是，路上几十名苦力还有其他中国人都为我们一行人让路，从堤坝上过来，快接近我们时，会绕到堤坝下面。是因为他们是有道德、谦虚的国民？还是因为我们日本乞丐的威风？总之，感觉很有面子。

行三十里左右，到一家茶馆休息，拿出今早商人给的面包充饥，这就算是今天的午饭了。然后接着上路。每天的艰难旅行，使我的痔疮出血化脓，越发切身感到乞讨旅行的辛酸。随着向西渐进，砖造的房子越来越多，也许是因为没有树木吧，放眼望去，田里或路上大人孩子三三两两地拖着装有耙子的高粱秸秆做的工具。他们正在拾柴，这是这一地区采集燃料的方法。拾进筐里的一点枯草就是他们唯一的燃料，所以这一带的人们即使是对一小把柴禾都非常珍惜。不断有拾柴或捡粪的人来往，但想不到满洲的道路像擦过了似的干净。

今天行程达五十里，我们来到前炉村的小学讨宿。老师钟峤先生说我们是远到的稀客，便把我们招进他的居室。校外挂着匾额，写着“禁止窥探，不准喧哗”，里面有三十几名学生。看到土房子里戴着帽子穿着鞋子的学生，我感到很稀奇。老师让学生一起给我们行礼，我们这些要饭的在这种情形下，也多少显出一点威严的样子。

老师为我们从村里借来了大米、寝具，为我们烧热了炕，让我们享受了一夜的饱食暖衣。无论在哪个国家，还是接触受过教育的人好。在这次旅行中，我们体验到学校是最好的旅店。老师为我们赋诗一首：

村穷坏僻少人寻，何幸今宵诸子临。
粗茶黎羹愧居陋，也无他物慰高心。

我也献上一首，以报厚意：

酌得恩情深万寻，别来却恨区重临。
袖中幸领琼琚赠，长忆东归云树心。

过花园江　我也当医生

吃完八分小米两分大米掺和的早饭后，我们离开了学校。走了两三町，遇见一个手提酒瓶的年轻人搭伴一起向前走。他突然问我们："你们有老婆吗?"我们觉得很唐突，但这是中国人之间很普通的寒暄话，而且他们以妻妾成群为荣。于是我回答："我在老家有三个夫人，你呢?"他苦笑着说："别提了，我五年前花了十元订金，约定要娶妻，但不另外交一百四十元就不能接妻子过来。去年以为一定能接过来了，但是农田歉收，没有钱去接。希望今年一定能接到妻子。她今年也有二十四岁了，我都二十八岁了。"娶妻难是最令中国男人头疼的事。

一路上，他跟我们越来越熟，知道我们是乞讨旅行的，就从怀中掏出十枚铜钱说"敬上敬上"要给我们。这个钱我们说什么也没拿。他说："既然这样，那就喝口酒路上暖暖身子吧。"这次他把酒瓶子递给我们，我们拗不过他就一个一个地接着酒瓶喝了，可酒度数很高，我们也喝不了那么多。与这个年轻人分别后，我们迈着醉步继续向前走，在四十里路程处，到达海滨村庄萧家泊，在一个茶馆歇了歇脚。不知为什么，我们没有张口要，一个潇洒的中国人就给了我们几个馒头。今天真是个极其幸运的乞讨日。

这个河口叫作"花园口"，作为日清战役中我军登陆的一个地点载入史册。十几个男女在门口你推他嚷，说这是他们头一次看到日本人。如果把我们这些要饭的看成日本人的代表那可受不了。几天途中最惹眼的是石造砖房，房顶是用泥土盖的。很多村子都是一排排像火柴盒似的房子。柞树养蚕也渐渐多起来，喜鹊窝在杨柳树上随风飘摇的景色也属罕见。所有院子里都种着高大的梨树。想必阳春四月一定会香雪似海吧。

又走了三十里，来到永盛屯。日渐黄昏，我们来到驻在玉皇寺里的警察局，希望能让我们在此住一个晚上。到警察局讨住宿，我们这些旅行者也是越来越厚脸皮了。这里驻有巡捕二十人，有人扛着旧式步枪在门前站岗放哨。两根板子（打犯人的棒子）挂在门柱上，很明显实行的是威吓法。哨兵把我们的来意传给里面，然后出来对我们说："今天晚上署长不在，我们这些人不敢决定让你们住在这里，所以你们到村长宗氏家去住吧。"他在名片上写下事由交给我们，我们带着巡警的命令，堂堂正正地住进村长家里。

村长颇带好意地接待了我们。要说欢迎乞丐那是荒唐，但确实是热情欢迎了我们。做了煎鸡蛋、炒牛肉和各种下酒菜，还拿出高粱酒款待我们，主人亲自弹唱三弦琴，并不停地叫我们唱日本歌，我们也打着拍子乱唱起来。他们虽然不懂意思，但是也跟着节奏喝彩。主人有点儿学问，我们用笔谈起徐福的事迹和对孙逸仙的评论等，主人更加兴致勃勃，又拿出有名的黄酒。在此次旅行中，宫崎君是最懂汉语的，但是我的笔谈在乞讨旅行中可起了不小的作用，所到之处都能跟有学问的人交流。

过了一会儿，竟然从附近聚集来十几个病人，求我们给他们看病开药。其中一个人说："我的妻子病重在家，拜托今晚到我家给妻子治病。"他们简直把我们当成了专科医生，这可真是不好意思，好在内野君懂医术，一个一个给他们看病。其中一个患者说希望老医生给他治病，有的人特别指定我，这也许是我留有胡子的缘故吧？想来就觉得好笑。我学着医生的样子，翻开他们的眼睑、让他们伸出舌头，望、闻、问、切等。没有听诊器又没有体温计，自己都觉得很滑稽。另外也没有带什么药品，就把身边自用的碘酒用来作一切外用药，连白秃风、肿包、瘤子也擦了碘酒。把清心丹用来作一切内服药，甚至胃病、心脏病、肺病病人都给吃了一两粒。所有的人都谦虚地说"多谢多谢"。可是我们拒绝了到家里看病。有句话叫"离乡人贱"，是说人离开故乡在外就不知羞耻了，日本乞丐到中国来突然变成了医生，连马骨头也值了犀牛角的价钱，不可思议。

今晚在主人热情的照顾下，我躺在被子里恬静地进入梦乡，忘记了旅途的劳苦。早上天亮后，主人代表所有病人恳请我们在此逗留几天，希望我们住上四五天，将村里所有的病人都治好，甚至说费用由主人汇总一起给我们。主人是诚心诚意地挽留，但我们说要急着赶路便拒绝了。如果我们带上药品，而且还有懂得医术的内野君，我们就不乞讨旅行了，可以改为治病旅行，一定会轻松怀进千金的。进入中国内地，自称大夫的日本人多是外行，只靠一本《临床医典》或者丝左近编著的《素人诊断学》，就充当技术高明的医生，光明正大地挂上"同仁医院""博爱药局"等招牌。如果一个技术娴熟的医生来到中国行医无疑会大获成功，卖药兼行医的外行也能保证大赚一笔。

巡警局游戏场　村长赏饭

今天是三月四日。已经来到满洲南部了，渐渐看不到山上的积雪，土地还在冻着。不毛之地持续有五里左右，杳无人烟。顶着柔弱的日光，踏着十里荒野，渡过冰河，终于到了东磴子村。村里巡警局迎风飘动着五色旗[①]，三弦琴的乐声随风飘出门外。进去一看，巡警们正在弹琴歌唱。动荡的时局毫不影响他们悠闲自在的玩乐，宛如天下完全太平。在巡警局弹着三弦琴哼着歌的景象只有在中国才能看到吧。

来到一个茶馆休息，因为太冷，向店主要柴火取暖。店主拿出玉米棒子，舍不得似的放入火盆里一点点。这一乞讨旅行中，讨柴火比讨饭还麻烦。我们接着赶路，遇见一个中国人面朝路边寺庙，好像对死魂说着话，伴以哇哇大哭。偷偷仔细听了一下，原来是为死去的孩子祈求冥福呢。可怜天下父母心，我不由得想起我的孩子和老父老母。已经十年没有回去的不孝之子，他们是不是等得不耐烦了？回顾乞讨的自己，眼睛下了一阵雨，沉入无限感慨之中。行了二十里到达金厂村，突然看到家家户户挂着日章旗（日本国旗）随风飘摆，急忙上前打听是怎么回事。

原来从这里往东是关东州租借地界。听说关东都督三天后来巡视这里。自己国家的事情却问中国人，像个大傻瓜似的。不过距都督巡视还有三天就开始悬挂国旗，准备得不错啊！有的国旗是用小麦粉的袋子做成的，将字横放并涂上红色的太阳。在朝鲜农村看到过纸做的国旗，这里一面也没有。

已经离开安东县六百多里，我们想在村长家填饱空腹，就去讨午餐，村长博氏欣然允诺“好，好”，便让我们坐下，端上两三个菜，还有掺了小豆的小米饭。告辞时，村长一行把我们送到村外，给我们指出近路。途中正当我们在一条开始融化的河边踌躇时，恰巧一个十五六岁的少年赶着马车过来，并让我们上了马车，我们感到非常高兴。

租借地外的道路高低不平，田地里小路纵横交错。可一进入租借地内路况截

---

① 五色旗：本书中的五色旗是伪满洲国采用的五色旗，于民国元年（1912）至民国十七年（1928）使用。旗面为黄底，左上部并列红、蓝、白、黑四种颜色的横条，通称“五色旗”。

然不同，八间宽的大道笔直如发，路口处竖着岔路石，标明向右可经过大王家店子至金厂，向左经过甸子矿至大灵家屯等，石上日语假名的路标让我们感到亲切。苹果栽培、植树造林等产业随处可见，发展得风风火火，这些情景在租借地外是完全看不到的。

租借地居民对都督政治的评价　关东州内对旧习的尊重

进入租借地二十里左右，到达狭心村。傍晚太阳落山之际，我们到公立狭心小学求宿。孙老师热情地招待我们上炕坐，说没有米，晚饭就让我们凑合吃他吃的玉米面饼子，还有豆腐和秋刀鱼。

吃完饭，聚集来五六名村里比较有威望的人士。有的先生还提出莫名其妙的问题："从中国到日本是不是已经通火车了？"我试问了一下他们对日本都督政治的看法，他们回答说，开通道路占用耕地，也不给赔偿；赋税比以前重多了；过去歉收的年头有减免租税的优惠，可是现在没有这样的事；以巡警的威力强迫贫穷人家的孩子上学，妨碍家事。另一方面，关东州外频频遭受马贼之害，而租借地内盗贼之害甚少了。

另外，进入租借地内，让我感觉奇特的是几乎没有剪辫子的人。比如，听说这个学校的老师毕业于师范学校，但还是留着长辫子。学生、巡捕们也都是如此。这与租借地外强行剪发截然相反。在关东众所周知，都督政府在这方面主张尊重旧习。夜里炕凉了，睡不着，我们悄悄到外面弄了点儿高粱秸秆，取了些现成的木炭生起火盆，避免了一夜的寒冷。一路上，今天还是第一次见到木炭。

与美人同车　瞭望海盗岛

早上出发时，孙老师送我们到村外，让我们觉得即使乞讨也受到了尊重。行至五里左右，周围是茫茫不毛之地。大雁在空中成群结队向北飞行，这也是满洲的独特风光之一。来到赞子河边，河冰已开始融化，无法过河。正在这时，过来一辆牛车，车上坐着一个美人，我们上前请求让我们搭个车，他们欣然同意了。一个缠足美人与三个大胡子武夫同车而坐，看上去像不像荆棘中的紫罗兰呢？

走过五里左右的湿地，来到韩家屯村。卖棺材的店家正在锯一根大柳树木材。一条猛犬突然蹿出来，我急忙一边挥动六尺打狗棒一边后退，不料被石头“咚”的一声绊倒在地。这猛烈的摔倒之势反而把狗给吓跑了。一旁的中国人都拍手大笑。村边有一条人工挖掘的坡道，日本警察在立着的牌子上用中文写道：“请从道路正中间行走，不可在路上跑，若破坏了道路，破坏者要修复，罚款二十元以下。”还真是一条够啰唆的坡道呢。登到坡路上面，突然望见茫茫大海。貔子窝市街就在眼前，仿佛伸手就能够摸到。海岸结的冰还没融化，几十艘帆船被困在冰中。只有远处的海水湛蓝，波浪静静地吹动着来往的白帆。庙岛群岛和海洋岛朦朦胧胧，分布在浩瀚烟波之中。这就是久负盛名的海盗根据地——魔岛。

从貔子窝买东西回来的中国人肩上都担着篮子，一头装着买的东西，一头是捡的牛马粪，真是一举两得。即使走路也绝不白走一趟的中国人的经济头脑真是让人钦佩。从早晨到现在我们共走了二十里，到达貔子窝。貔子窝虽然仅有五百户人家，但设有日本警察支所、鸦片专卖局等。进入解冰期之际，市内也开始一点一点现出生机。日本住户只不过三十家左右，药店、料理店照样占大部分，既有名为“喜乐”“高井”的妓院，也有两家打着关东鱼批发店的招牌但其实是妓院和卖鱼的店，真不愧是新殖民地！

从这里一直向南行进，走五里路后道分两条，路标记载向左到金州有十六里十八町；向右到普兰店有九里六町。我们一行人顶着狂风向金州走去。走了二十里路程，饥饿难忍，便进入藤家屯一户人家，里面只有一位妇女。我们的乞讨技术已经达到娴熟的程度，现在我们拒绝吃凉饭，让那妇女熬成粥，我们在妇女家中吃了饭。但是这绝不是我们勉强的，而是那位妇人热情招待我们的。这也难怪，刚才从学校回来一个可爱的孩子，不仅能灵活地使用日语，还打开日语笔记本让我们看。

我们又走了一里路，到高家屯村长家求住一宿，我们跟同样到村长家讨宿的散发恶臭的苦力并枕而卧。有的人问我们一些古怪的问题，比如“日本人娶老婆要花多少钱”等，打听娶妻的市场价格对他们来说是很寻常的。

三月酷寒　到处受到款待

天亮便是三月六日了，暮春时节，满洲的寒气逼人，今天的气温达到出发以来的最低纪录。有的中国人干脆把被子严严实实裹在头上。猛烈的北风吹打着身子，像要飞起来似的。走了二十里，到达刘家店，我们走进一户人家想讨火烤一烤，主人在麻雀窝似的枯草堆上取了一点点柴火给我们取暖。姓纪的男主人还给我们吃了热乎乎的玉米粥和豆腐汤，午饭算是吃好了。又行走了二十里，途中身子快要冻僵，选了一冒着炊烟的人家跑了进去。这家是磨面的，他们烧豆秆让我们烤火暖了身子。又走了十里路，快到登沙河的时候，薄薄的晚霞笼罩着山岭，更觉寒冷刺骨了。

沿着接近关东的铁道，树木渐渐发生了变化，清一色的柳树映入眼帘。这里不仅植树造林的功绩一目了然，而且天寒地冻中的农业改良也显而易见。我们到华家屯的时候，天色已经昏暗，修路的、担着箩筐的、扫雪的，每个人都在忙着手里的活，中国巡捕长在一旁监督，他带我们来到了一家小旅店，替我们求情让我们免费住一宿。店主说："日本人、中国人都一样，你们不用担心。"便为我们在炕上铺上枯草，把火盆里的火加旺，做了炒鸡蛋，拿出自家酿造的黄酒招待了我们。半夜炕凉了，我把主人叫起来为我们添上了柴火，真是些不知天高地厚的乞丐客人。

被旅店劫空 被疑为马贼

早上出发走了十五里路，到达亮甲店村，进了一户姓袁的人家，他们刚煮好热乎乎的玉米，便送给我们吃了。座位上放着日语假名习字本，是儿童学习的课本吧。

行走四十里，到达衣家屯。太阳还高高地挂在天上，我们住进了一家离铁道很近的旅店，所以我们想不如早点把不用之物都换成今晚的住宿费。乞讨的心情越发淡去，我们作为上等客人住了进去。点了粉条、豆芽、牡蛎和各种下酒菜，喝了数瓶高粱酒，趁着醉意去睡了。我们向旁边跛脚大爷借了一床薄被，他说："日本人没有盗贼之心，所以借给日本人被子也不用担心，可是借给中国人的话，有的中国人后半夜裹着被子就偷偷溜走了。"我们听了觉得奇怪，竟还有带被子逃走的旅客。

早上，一个没有钱的旅客把自己带来的被子以两元的价格卖给店主后离开了。收钱盒子就要被传到我们这里时，我们宣布："我们身上没带钱，住宿费你们喜欢拿什么就拿什么吧。"这家人包括女人都围了过来，把我们的外套、大衣、两双鞋都拿去，充当了仅仅一元四十钱的住宿费。这下身上更轻松了，只是外面的风还凉飕飕吹着。

离开这家旅店，到了下个村子刘家屯。经过警察局前面时，一个巡查看我们的样子跟一般人不一样，就对我们说："过来一下！"然后让我们进入门前的小学等了一个小时。部长来了之后，一直盯着我的脸看，不容置疑地说："你就是往年在貔子窝犯事的革命党指挥官。"我一听，坚决地回答说："您认错人了，我们绝不是那样的人！"警官把我们包里的东西一一拿出来检查，结果发现了我的记者名片。看了名片，警官突然改变态度，来了个一百八十度的大转弯，说非常抱歉，还端出茶点招待我们。警官能向我们低头谢罪也怪可笑的。

中国人的控告　巡查的好意

从这里到大连还有十几里地，看来今天是到不了了。我们本是全速行进的，但是离开金州三十五里左右，天就开始黑了。不久就漆黑一片，路面有点儿发白，我们就沿着这模糊的灰白色向前走。路上脚尖磕到石头上，疼痛直穿头顶。在黑暗中摸索着来到一个村子，找到一家旅店。

一整天的疲劳和饥饿到了难以忍受的地步，我们在旅店吃了五六碗面条。可是没想到店主马上就要我们付钱，吃了二三十钱的面，我们央求店主先收下手表作为面条钱，明天一定付钱。店主说不行不行，然后就出门走了。过了两个小时左右，店主带着一个日本巡查回来了。提着灯笼的巡查说："原来是你们啊，先到我们派出所来的话就不会有这样的事了。刚才这家店主到派出所来告了你们，这不，我走了两里多路赶到这里来。"令人欣慰的是，这个巡查给了我们一元钱就回去了。

真是越是接近铁路沿线，人情越是淡薄。昨天晚上像被剥竹笋那样剥掉了外衣，今天晚上又被控告。可是不管怎么说，我们走过的一千多里路，除了今天晚上的巡查以外，没有向日本人讨过一顿饭就到了这里。

第二天到了大连，我们穿着这身乞丐服去浴池和理发店，他们看了都倒吸了一口凉气。我们把身上的污垢和胡子都收拾掉后，便住进花屋宾馆，时间是三月十日。当夜，《北满洲》日报记者安藤复堂君、《朝鲜及满洲》杂志记者加藤青风君在滨乃家为乞丐接风洗尘，共同举杯庆祝我们乞讨旅行平安无事。

三　海洋岛观捕鲸

激浪吞船　海盗出没

我们从貔子窝乘船，这是一艘容量约五十石①的船。因为正巧海洋岛警察派出所所长深泽君要返回岛上，我们就决定搭船一起去海洋岛。我们给为防备海盗袭击而准备的枪支装上弹药，与士兵们一起拿着枪放哨。说是士兵，其实就是为了防备海盗而组织起来的村中民兵。

海盗在这里出没绝对不是稀罕事，几乎每天都有遇难的死尸飘到海边。把人的手脚捆绑起来扔进大海算是慈悲的，残忍至极的是将两根棒子绑在一起，把脑袋放在棒子中间夹碎，脑浆从头盖骨里流出，眼球从眼睛里迸出。这真是残酷至极的做法。深泽君把看到的如实告诉我们，并说海盗拥有很完善的武器。满蒙旅行如果走陆路，则有马贼；如果走海路，则有海盗。尽管这些事情我们已想过，但是听到这些话，还是毛骨悚然。

三个船夫忙着准备出航，令人担忧的狂风昨夜就越刮越猛。刚一起锚，船体就像一片树叶一样被怒涛掀翻。船帆骨架嘎吱嘎吱被折断，重新抛锚，船夫们淋着海水的飞沫开始修船，面孔简直跟海盗一模一样。这情景虽是画油画的好素材，但是船体如此摇晃，就连铅笔画也画不了。

船长嘟囔着说："这样的大风几乎没有出航的希望了。"俗语说："只要等待就一定会有甘露般的好日子。"因为突然风向不好，我们一直在齐藤仁吉君的公学堂宿舍里无聊地等到今天，等到了谈不上是甘露般的好天气。虽然是顺风了，但这狂风一来反倒害了我们，我们决定等到风弱了再起帆。可是风越来越强，恐怕已经无法返回海岸。相隔不到半里的貔子窝市街因海水飞沫已看不清楚，我们进退维谷。

---

① 石：重量单位，1 石约 31 千克。

那吹到哪里就在哪里登陆，我们特有的不要命的气概使我们果断命令他们出航，尽管船长使劲摆手表示不行。船体上下左右毫无规则地摇晃着，飞速前进。也没什么大不了的，不过像是骑在一头受伤的野猪身上似的。今天早上大家带着坐船出去游玩的心情，把很多苹果、罐头、啤酒等装上船，它们占据船室一角，不过此时却派不上用场。早餐还在胃里被揉来揉去，打个嗝就能闻到臭气。其实胃跟垃圾箱一样，只不过是把臭东西用盖子盖上了而已。

船如飞箭一样从平岛左侧向南飞去，不久突进日俄战争期间我军舰队的根据地格仙岛和大长山岛之间。风渐渐弱下来，人感觉也舒服多了。我望着眼前的山水，也有了把眼前的格仙岛用素描画下来的勇气。

这时，看到远处塞里岛海面上鲸鱼在喷水。两三条细细的水烟像雾霭一样从波浪中升起。鲸鱼跳动的大海！海盗出没的大海！大长山岛横卧在黑幕里，成了谜一样的岛。风渐渐收敛了，太阳开始西斜，海盗活跃的夜晚就要降临了。因此我们决定在距离最近的小长山岛登陆，把帆船停在了南端的小海湾里。

一行人下船登陆，到派出所找近藤巡查。这个岛上只有一户日本人，连说话的朋友都没有。因此，我们成了这个偏僻小岛上的稀客，巡查热情的招待令我们感动得热泪盈眶。大家酒足饭饱，唱起落后于时代的海军小调，最后欢唱一曲串木野民谣。上床时已经半夜了。风很静，只听得到一点波浪的余音，像女人在偷偷哭泣，听起来很虚弱。

巡查是一岛之王 妇女行举手之礼

巡查周到地为我们准备了早上的泡澡水。从浴缸出来，躺在榻榻米上，旅途的疲劳顿消，从窗外吹进来的海风轻拂着身体，舒服极了。派出所用牢固的砖墙建成，到处是枪眼。第二层的正馆左右各有一栋兵舍，门外摆着两门大炮，戒备森严。正馆设有一个八张榻榻米约三间的客房，壁龛处摆放着巡查家田地里收获的农作物，不显眼处装饰着天然石，物件安排得非常有序。他部下有五名士兵、一名巡捕、一名书记员，还有九千多位岛民，居于他们之上的海岛大王就是近藤巡查。俗话说："宁做鸡头不当凤尾"，我们不能不为大王祝福。

在"岛王"的亲自陪同下，士兵担着所有的画具，我们开始沿岛参观。旅游画师受如此厚待，我感到很自豪。每当岛民遇到我们，就会给我们让路，并举手敬礼，我觉得很奇怪，近藤解释道："因为我行举手礼，他们误认为日本的礼节就是举手。"有袅袅婷婷的女人也行举手礼，有时挥动得过分，很滑稽。

经过两三个渔村，村子里的房屋都是把天然石头垒起来做墙，用海草做房顶，像螃蟹壳一样。桃花开满庭院，乱石边上开着紫罗兰、蒲公英、燕子花等野花。采摘嫩菜的孩子们放下手里的活，好奇地目送着我们。这里的风俗习惯与其他地方不同，柳绿花红，孤岛春光明媚。

我们登上列岛最高的山——大旺山，眼界突然开阔，望见南边排列着獐子岛、褡裢岛、大耗子岛、小耗子岛等。浮在东边海面上漆黑的乌蟒岛，就是有名的海盗根据地。多么壮观的景色！海水浸透五脏六腑，仿佛一切都被洗刷干净，心中清澈透明。

不久我们下山来到海滨的一个小孤村，顺路走进一户打鱼人家，让渔家烤了一尺多长的鳕鱼，围着露天饭桌，就着带来的饭团吃了。一群小孩聚集过来看稀客，这些孩子一看就是渔民家的孩子，黏着鼻涕眼屎、黑乎乎的脸，跟画上看到的扎着羊角辫的孩子有着天壤之别。用鳕鱼杂炖的汤味道太甜，我吃不下，就让士兵吃掉了。

然后我们沿着石径踏上面海的半山腰，杜鹃花开满山，喜欢盆栽的近藤君挖了两三棵枝形比较好的，用手绢包上带回。我发现了一根蕨菜，所以大家都瞪大眼睛找蕨菜，终于挖到了一把。晚春的时候，白天逐渐变长，我们沿岛转回来后，把挖来的蕨菜作为晚餐的一道菜，味道绝佳，加上扇贝刺身、醋拌海参、炖鲍鱼等，由此我对长山岛的印象在味觉上比较深。

海滨拾奇石　草甸坐稀客

因为风向不对，无法出航，我登上背后的山丘画了几张素描。正午返回泡了个澡，然后呈“大”字躺在榻榻米上睡午觉，睡梦中听到风向变了的喊声，匆匆起来整理行装，告别了近藤君。我们的帆船停在岛另一侧的三核桃沟小港，所以要坐马车晃悠一里半路，经过两三个渔村，越过一座山，才赶到那里上了船。不巧风向又变了，只好下船，决定在村长王文乐家借住一宿。

村里男男女女聚集到王家窗前来观看，我见这情景很有意思，便画了下来。过了一会儿，我去海边捡鹅卵石，被海浪磨得圆溜溜的小石头，从小如豆粒到大如鸡蛋，呈白、红、青、黄等色，美如宝玉。我想送给盆栽迷父亲做礼物，便装了满满一裤兜。

眼前不远处有一个小岛，羊群点点如残雪，我不禁起了画趣，羡慕起在这和平的村落度过一生的渔民，我也祈望自己成为其中一员。但是毕竟天生身体里流淌着海兽般狂野的血气，对这儿的寂寞不能忍受。在旅途中还想着旅游，对追求变化的自己来说，地狱里的旅行也会比过安稳极乐的生活好。

天黑了，我们坐在草席垫子上。因为燃起枯草烧炕，屋内烟雾迷蒙，掠过低矮的房檐钻出户外。不一会儿，他们端来了油灯，这种在三十年前见过的煤油灯泛黄的光照不到小屋的每个角落，只是火焰周围有点儿亮。这种光曾照耀过我儿时的家、衰老去世的祖母、因肺病夭折的哥哥，就像看明治初年拍摄的照片一样，模模糊糊地从记忆里被唤出来。

村长亲自温上黄酒，几款下酒菜端上桌来，我喝了五六大碗，酣醉后躺在炕席上进入了异乡的梦中。

海市蜃楼　海盗袭击船体

村长用黄酒为我们送行，我们又成为船上客。途中把二岛子用铅笔画下来。船在海面上徐徐前行，风平浪静，海面如油面一样润滑。附近一艘渔船正钓上来一条鳕鱼，鳞片闪耀着金属般亮晶晶的光泽。在春日温暖的阳光下，我枕着写生箱躺在甲板上，船好像在向前行，又好像在向后退，像在下沉，又像在上升，处于昏昏沉沉的状态，走了好几个小时。

突然船体摇晃得厉害，我一下子醒过来，原来是深泽君在摇晃着我，他喊道："海市蜃楼！"朝他手指方向望去，在乌蟒岛左侧海面上浮现出中国式的楼阁。看着看着，城墙倒塌，到处都是洞穴，不一会儿，变成了电车似的形状，其间只不过五六分钟，没有色彩，只鲜明地呈现出灰色的轮廓。

突然海面传来"咚咚"几声枪响，不知发生了什么事，竖起耳朵听到深泽君说是海盗在袭击我们的船。海盗被岛影遮拦，根本看不见。在海市蜃楼中出现海盗，这种鲜明对照的情景也只有在中国海上才能见到。海盗的根据地就是乌蟒岛，我们已接近乌蟒岛，似乎触手可及。可是因为风向改变，我们使出吃奶的劲儿也没用，还是被吹到了海盗窝附近。看着离海洋岛还远着呢，可船就是不往那个方向去，而且风越来越大了。

逆浪越过船帮拍打到甲板上，飞沫如雨，我披着斗篷蜷缩在船尾。平稳的甲板突然变得颠簸起来。海洋就像歇斯底里的女人一样变化无常。在乌蟒岛海面就这样度过了好几个小时。人常说要让可爱的孩子去旅游锻炼，这句话可不适用于此时此刻。这完全是冒着生命危险的旅行。

船体始终在上下颠簸，根本没法前进。也许因为已经习惯了船上的生活，这次我居然没有晕船，如果不是伴随着危险，反而会觉得很有意思。大家共同与风浪战斗了四五个小时，傍晚终于到了海洋岛。我们把船停在岭北村港，下了船，去派出所。我们打开啤酒、威士忌庆祝平安到达。

解剖巨鲸　岛中酒酣

深泽君让士兵操控小船，他带我们访问对岸的捕鲸公司。捕鲸的人正要解剖一条长约六十四尺的巨鲸，巨鲸被放在十五六间的四方俎上，有十二三个师傅手持长柄刀，准备开始解剖。我不能不把它画下来，于是把画架立到了鲸鱼头部一侧。师傅们一刀一刀迅速解剖，不到两个小时，如一座山似的鲸变形消失，皮是皮、肉是肉、内脏是内脏，血流成河，溅到师傅们的脸上，腥味刺鼻，让人感觉好像在现世看到了地狱，我握着笔的手不禁颤抖起来。

紧张的写生结束后，受近藤厂长、炮手、船长、轮机长以及其他职员的邀请，我们来到岛上唯一一家餐厅——寿亭喝酒。这是把中国渔民的房子原封不动地改造成的餐厅。炕上铺着席子，玄关和室内用一块白布隔开，极其简陋。“欢迎光临!”这时万绿丛中一点红的女子掀起白帘出现了，像紫荆花、紫罗兰。闻到一点女人释放出来的“乙醇”，这些粗野的捕鲸男人就心醉神迷了，这也可以理解，毕竟岛中天上地下只有她一个陪酒女人。喝呀喝呀，一直喝到半夜三点多，外面风雨交加，也无法回去，就躺在那里睡着了。

睁开眼时，已经日上三竿，昨夜的风雨已毫无痕迹。强烈的日光透过拉窗，毫无遮拦地照射在低矮的纸糊的天花板和白布帘以及略脏的纸墙上。睡眠不足，我的眼睛感到不适，被臭虫咬肿了的胳膊刺痒难忍。

喝上几口酒马上恢复了精神。坐船回到派出所后又学宰予①大白天睡懒觉。这时，木藤船长来访。船长回去时，我跟他一起去了捕鲸船，在船上我喝了威士忌，然后又去了第二条捕鲸船，在炮手哈尼斯（挪威人）的房间品尝了五六种洋酒。之后大家一起登陆，又在寿亭设宴招待。真是与酒有缘的日子。这天夜里，我回到第一条捕鲸船船长室住了一宿。圆圆的月亮悬挂在岭北村海湾上空。

---

① 宰予：孔子门人。姓宰，名予，字子我，鲁国人。常被孔子斥责。

捕鲸实况　炮手谈鲸

半睡半醒中，捕鲸船“轰隆”一声开动了。我来到甲板上一看，残月朦胧，岛影昏暗，海上哑然无声。拂晓凉爽的海风舔着我醉酒未醒的脸。我攀上桅杆眺望将要天亮时的海面，想象鲸鱼跳跃的海洋。船一直向东行进，东方刚开始泛红，突然太阳从海平面上跳了出来。右侧不远处出现了乌蟒岛，也看得见远方大陆的一角。

全体船员为准备捕鲸忙得不可开交。有的爬上桅杆监视，有的掀开船头大炮的蒙套。只看一眼炮头上露出来的鱼叉就令人神经紧张。这时，我看到由几千只海豚组成的大海豚群把一里左右的海面染成漆黑一片。水面有几百只鸟在上下飞舞。那是围着海豚坐享食物的海鸥群。如此壮观的情景令我恍惚。突然监视员发出发现鲸鱼的暗号，船停止轰鸣，开始徐徐前行。

开始根本不知道鲸鱼在哪里，当看到一个像小山一样漆黑的背上突然冒出鲸的鼻孔时，我不禁打了一个寒战。炮手操纵炮身开始瞄准。鲸鱼好像觉察到了这些，钻进深海中再也没有露面。

轮船又开始航行。不久，前方鲸鱼喷出如烟霭般的水柱。船渐渐接近它，知道它是一条小鲸鱼，没有开炮，继续前行。虽说它小，但也有三四十尺长。

于是，来到了大孤山海域。这一带曾是日清战争的战场。波涛滚滚，没有留下一点勇士的痕迹，但涛声诉说着过去。白骨断戟横卧海底，没有人怜惜与哀悼。

依照监视员的暗号，船又停止轰鸣。只见附近的海面上漂浮着一个巨大的脊背，噗噗地吐着水。船在与其保持并行五六间的位置停了下来，炮手的眼睛紧紧瞄准鲸鱼，我爬上船桥，神经紧张、心跳加快。巨鲸沉入水中，有一阵没有出现，可海浪的起伏表明了它的存在。炮手站立，边揣测鲸鱼何时浮出水面，边转动炮身。沉默持续了五六分钟，海面涌起圆形波纹，巨鲸突然又出现了。“咚”的一声，如山崩一样翻动着的巨鲸沉下海底。泡沫如雪，飞溅海面。炮手脸上露出可怕的笑容。

于是，打捞转机开始运转起来，我来到船帮附近凝视着大海。几分钟后，巨鲸被打捞上来。它的伤口处还在抽动，紧紧咬住大嘴，小小的眼睛里闪耀着如磷光般的光辉，再也发不出一点怨气。炮手迅速拔下长矛，对准鲸鱼的心窝插进数次，每插一次，鲸鱼的身体都会画出一条曲线，尾巴掬起一股水流。还有船员用长刀切断了鲸鱼脖子的大动脉，血流染红了大海。真是令人毛骨悚然。

炮手唱着歌带我回到船室，打开啤酒庆祝。他姓木藤，名叫源太，当炮手已有十年。死在他手里的鲸鱼也有几百条了吧。“我死后也升不了天堂了”，没想到他竟流露出一丝忏悔。健康的血管因酒精变红，话也说得越来越起劲。他激动地说道：“有时碰上雌雄两条鲸鱼在一起就只打一条，如果射中母鲸鱼，公鲸鱼总是恋恋不舍，不肯离开母鲸鱼的尸体；而如果射中的是公鲸鱼，母鲸鱼肯定会逃走。女人是多么薄情啊。”他愤慨地皱着眉，拍着桌子。

为了让海风吹醒，我来到甲板上。太阳已西斜，金黄色的光线掠过海面。鲸鱼流的血如一条带子漂浮在船后。海面归帆点点，呈现非常壮观的凄美景色。报告捕获成功的汽笛响了三声，然后船只划破暮色，勇猛地返回岭北村港。我下了船，回到派出所。

美人岛　海产丰富

与深泽君乘坐小船，纵穿港湾，来到盐场屯。这里是只有三十户左右的小渔村。我们拜访了村长李金福。其眷属共四十七人，是中产阶层。他对我们的来访感到很高兴，热上黄酒，端上各种菜肴，盛得满满的，像一座座小山。猪肉炖木耳、韭菜炒鸡蛋、盐烤鳕鱼、鲍鱼炖粉条、油炸鲽鱼、咸鸭蛋等，都是我爱吃的。

酒足饭饱后，我们参拜了娘娘庙，庙内两棵牡丹含苞待放，渴望看到花的眼睛此时感到好舒服。我们又走访了两三家渔民，偶然发现了一个美人。她长着一双有点儿魅惑的眼睛，鸭蛋形的泛红的脸颊，较平而瘦小的肩，戴着金手镯的纤手，缠足小脚，佩戴着金环的大耳朵等，典型中国美人的要素应有尽有。我合手作揖求她做我的模特，她终于答应了。传统中国女人大门不出，二门不迈，请她们做模特，真是比建造金字塔还难。中国美女站在大胡子武士面前做模特，这算是旅途中浪漫的一页。这之后，在几个地方都发现了美人，我请她们做模特，没想到岛上的女人比较开放。据说这个海岛五六十年前是个无人岛，某个南方民族漂流至此，在温柔的海风中生长繁衍，就像温室里的花一样绽放异彩。全岛所有女人都缠足，看不到其他岛上女人那种粗野模样。这里很多女人的表情好像在《浮世绘》看到的那种，脱离世俗，像是现实中不存在的遥远的梦境一样。实际上，这座海岛是个美人岛。

我们再次划船到港湾外，绕到岩壁下，来到叫作“马蹄沟”的小渔村，拜访了岛上会长甘德水。他三十五六岁，身强力壮，十五六岁时，从芝罘出来做苦力而流落到此地，现在已拥有二三十万元的资产。

海岛是个只有猫头般大的孤岛，可是四周海产丰富，很容易获得暴利。海参、石花菜、海螺、鲍鱼、鲽鱼、鳕鱼、鲈鱼、贝柱等，都是以干货形式销往中国内陆。如果把这些商品独家买下来，集中向外销售，一定能获得巨大利润。他们现在海产的打捞法、制法还有渔具等设备都不完备，如果交给日本人，尤其是具备丰富海产知识和资本的日本人，其产量不知会增加多少倍。日本人还有各种能发财的方法，像海豚的皮可作为制鞋的好材料。这里蕴藏着几乎用之不尽的资源，总之海岛是一大宝库。

十六号，正好捕鲸船要去大连，我便与深泽君等其他几位朋友依依告别，搭此捕鲸船回到了大连。

四　长白山探险记

探险准备　获官方援助

为探险满洲名山——长白山，我们于四月下旬出发，沿鸭绿江畔，历经一百六十里①的长途徒步旅行，于六月二十二日终于到达惠山②镇。惠山属于长白山脉，从惠山镇到达长白山约有四十里。我们决定探险之行从这里开始。而且，苍郁茂密的森林，鸭绿江两岸的营林厂以及伐木公司的伐木区域，就在惠山镇上游区域的十里左右。再往上就是山高水深、自古刀斧未入的无人境地。甚至不知道有没有道路，因此必须在惠山做好一切探险准备。

长白山脉地区一直被看作是虎狼之穴，被称为马贼的山寨。惠山镇守备队、宪兵分队的人都深为我的探险担忧。这也难怪，听说今年成了老虎饵食的伐木工，从十八道沟到十九道沟已有十三人了。对岸的长白府也频频遭到马贼袭击，去年连我国采伐公司也遭到了马贼抢劫。听说今年马贼更加猖獗，袭击了在其下游的我国宪兵队。另外，长白山内，朝鲜移居过来的暴徒常常袭击日本人。所以，官方再三地提醒要注意，这令人感到不太愉悦。

如果只考虑危险因素，那就寸步难行了。猛虎出没也罢，马贼横行也好，我下定决心，接受惠山镇宪兵分队、守备队、营林分厂等的好意，向他们借了手枪、长枪、刀剑以及野营用的帐篷、炊具，其他测量、测图、测天气等的用具，并带上了十五天的粮食。如果这些东西都从鸭绿江沿岸带过来的话，必遭劫难无疑。这些物件关系到探险的成功与否，对热忱借给我这些东西的惠山宪兵分队长、守备队长、营林分厂厂长等诸位，表示深深的感谢。

---

① 【编者注】1 里等于 36 町，相当于 3.927 3 千米。

② 【编者注】惠山，位于朝鲜北部边境，隔鸭绿江与我国吉林省白山市相望。

两朝鲜随从 各自的行装

翻译韩贵满是位朝鲜人，曾经做过多年的中国巡捕，汉语运用自如，从服装到编发、举止动作都跟中国人没有一点儿区别，而且精通日语，加上胆量过人，力大无比，在帽儿山一带号称“韩鬼”。经中江镇宪兵分队的热情介绍，他这次当了我的翻译。当时他们提醒我：“这个家伙万一翻脸，说不定会在你睡着的时候把你的脑袋揪下来，一定要小心啊！”看来我是带上了一个极其危险的家伙。但他也是个圆滑机智的人。这次探险他作出了极大的贡献，成为我的左膀右臂。这位韩翻译不仅是我的朝鲜语及汉语翻译，而且途中还担着行李，兼出人力。年仅二十六岁的他，血气方刚。

另外一位是从惠山镇开始跟随我们探险的大学生金丙周，是位年仅十八岁的少年。这个不太爱讲话的优雅男孩，想利用暑假到长白山探险。其精神可嘉，我让他作为随行人员兼担行李。至于山里的向导，我想到离山最近的村子里找。于是，我们一行三人从惠山镇出发了。

看看我们的探险装束吧。我穿着从安东县经一百六十里的长途跋涉、风吹雨打，已经破旧了的夏装，加上一顶草帽，脚上穿一双朝鲜鞋①，这鞋很结实，非常适合旅行。除了随身带的手枪之外，皮包和口袋里装着笔记本、手表、磁石、温度计、制图测量器、护照（中国签证）等，还有一个望远镜和轻便相机。这些是我一个人带的。翻译穿着一身白色已变成茶褐色的中式便服，戴着一个宽沿草帽，除了七贯目②的行李之外，还有一支短柄猎枪。大学生身穿一套黑色西服，戴一顶学生帽，除了六贯目的行李之外，还获得带一把刀的许可。我们各自还带着一把洋伞。虽然他俩是朝鲜人，但也装扮得威风凛凛。我们鼓足勇气，从惠山出发了。时间是六月二十三日下午三点，太阳高照，但并不怎么热，没有蝉鸣，深山里一片寂静。

---

① 朝鲜鞋：江户时代出现的“半沓”，多为关西的官吏和平民使用，其款式可能来源于朝鲜，也可能来自中国，也被称为“朝鲜靴”。在日本鞋分类体系中，“沓”一般为鞋帮较高，类似于靴子式样的鞋子。但是其特征又极为多样化，如毛沓就几乎没有鞋帮。因此一般认为有鞋面（也称鞋甲），能完整包裹足部的鞋为沓。

② 贯目：日本明治时代推行的一种质量单位。1 贯目为 3.75 千克。

奔向长白府　舒适的一晚

从惠山镇出发不到一里路，就到了去对岸长白府的渡船码头。江岸有个飘着日章旗的建筑，那是筏夫的集合场所，从上游漂下来的小木筏先在这里集合，再编组成大木筏流下。到长白府附近，鸭绿江中间有个河心岛，把鸭绿江分为数条支流，水流小时有石头露出来，阻碍木筏向下流，因此这个地方建了河堰，打开水闸，才能把木筏放下去。木筏顺势下滑的场景实在壮观极了。

渡过鸭绿江，先到长白府伐木公司分局，把名片递给主任猿川技师。听说伐木公司秘书科已经把我来访的事情告知了分局，猿川技师热情地招待了我，并把我带到他家中，让我脱下破旧的衣服，换上了崭新的和服，此时的心情很特别。他还特地为我烧了洗澡水，让我舒服地洗了个热水澡。

为了犒劳一路探险住帐篷、枕树干的我们，猿川技师在楼上接待室招待了我们。公司的中日双方长官围坐在一起，一边吃中国菜，一边喝日本酒。伐木公司分局在长白府是最大的建筑物，两层高楼很显眼，在有两百多户居民的城镇里鹤立鸡群。宴会结束后，登上猿川技师新建的近江亭，任晚风吹拂，惬意舒畅。

鸭绿江分成数条支流，反而增加了它的情趣。暮色苍茫中望得见对岸与马上岭相连的惠山八幡山①。空中悬挂着新月，月光凄凉地照射下来，长白山万籁俱寂。在这个长白府内，只有五六名伐木职员是日本人。遥望月空，不禁想起故乡的父母，他们是否知道不孝之子现在正漂泊在长白山下呢？这时，远处传过来一种好似狗叫的刺耳声音。猿川技师提醒我说这是狼叫声。我作了一首不太满意的诗：

近江亭上晚徘徊，长白山高云雾来。
欲夜悄然毛骨凛，恶狼吼月踄崔嵬。

晚上听着留声机以驱散乡愁，躺在被窝里做了一夜美梦。从明天起就要在石头上睡了，在接下来的行程中首先希望天下太平。今夜猿川技师让女佣特地为我挂起了蚊帐，作为我进山的饯别之举。因为主人深知山林蚊虻之害，理解被蜇咬的难受，才出此好意。

---

① 八幡山：今青岛市内的观海山，日占时期被称为“八幡山”。

从长白府出发　六月井水结冰

早上吃了咖喱米饭，他们还为我做了紫菜包饭，用白布裹好，方便路上吃。感谢猿川技师细心周到的照顾。我把饭团和满洲最好的黍丸子带在身上，然后，像满脸胡须的武士桃太郎一样，带着两个刀枪齐备的随行人员上路了。新加入的朝鲜人忠实可靠。

最近一直阴沉的天终于放晴，微风吹拂着嫩绿的树叶，天气让人感觉不到一丝炎热。到朝鲜一侧，在此渡江。这时看见普天堡①的日本守备队护送七匹驮着大米和酒的马组成的马队，其中有两个士兵护卫，“叮当叮当”的铃声带来阵阵凉风。我们走了一里多路，来到普面中里，这里仅有二十户人家，五新河穿过这个村子，注入鸭绿江。河上架着结实的桥梁。无数水车在河边不停地转动。又走了半里路，有一个只有两三户人家的村子。对岸是十九道沟的沟口，在伐木公司的伐木区里，十九道沟和八道沟一样，储木面积很大。西部沿岸面积约八十万町步②。从帽儿山到二十四道沟之间，距江岸六十里内都属于伐木公司的采伐区。其面积约五十一万町步，一共容纳一亿六千六百万尺木材。仅此十九道沟就存积着黄花松、红松等优良木材一百万连③。作为伐木公司，即使每年采伐二百万连木材，如果不破坏林况，保护性采伐的话，要五十年才能轮伐一次，所以称之为永世用不尽的森林。对岸木材堆积如山。岸边晃动着编筏的中国苦力东奔西跑的影子。

因口渴得厉害，我走到一户人家的井边，往里一看，吓了我一跳，今天是六月二十六日，井内四周竟冻着几尺厚的冰，从窄窄的冰洞里吊下水桶，打上来一桶水，大家乐得跳起来，用井旁放着的洋镐刨了几下，一个大冰块掉进水里，吊上来含在嘴里嚼着，没有比这夏季旅途中的冰块更让人开心的了。主人说这井中冰块终年不化，能遮挡雨水，说不定这里面藏着千古玲珑玉呢。

---

① 普天堡：朝鲜城市。

② 町步：一种测量山林、田地的面积单位。1 町步约为 9 900 平方米。

③ 连：重量单位。大约 1 000 张纸的重量为 1 连。

山邃曾无暑热蒸，数家茅屋倚峻嶒。
世人何识云深处，六月溪间咬积冰。

吟诗一首，谢过主人，我们上路了。现在应该是小麦成熟的季节，然而这里的小麦才长出两三寸长的叶子，一般的田地还看不到生机。

山水变换　人情纯朴

惠山镇上游流域，山势平缓，江面狭窄，看不到山的嵯峨、江水的浩渺。两岸峰峦披着绿装。道路两边有很多小落叶松，一直长到坡上。一种罕见的袋状的花，紫色、黄色、红色及带斑点的白色的花朵竞相开放，香气扑鼻。一厘钱大小的鲜红的小百合开满了山崖，美丽无比！到处盛开的芍药吐着芳香。我越来越觉得自己好像进入仙境一般。松鼠在林间自由自在地穿来穿去。

走下坡，来到一个只有三十户人家左右的桦田村。我们决定在这里吃午饭。在一位姓金的朝鲜人家里，我为两位随从焖了小米饭，自己先吃了早上带来的饭团。然后躺在特别为我铺好的席子上，枕在木头上呼呼睡着了。可是我的黄粱美梦还没有做完，就被臭虫咬了好几个地方。我一边不好意思地挠着，一边要付钱告辞，但主人说什么都不要，最后主人说要不就给六十六岁的老母亲几根卷烟吧，我给了他两根，他的老母亲从窗户里伸出脖子不断地说谢谢。看到一个五十岁的男人送给母亲一根卷烟时充满喜悦的脸庞，我感到自己远离家乡，对父母尽不到孝心，不由得又想念起故乡的父母。

从这儿乘独木舟到了对岸的中国。两岸的山上丛林茂密。我们进入出木材的山里旅行。回想最初在离鸭绿江一百七十里之处见到的是平原，渐渐变成草原，接着是丘陵。这里的树木，不是专家的我无法分得太细。首先映入眼帘的是红松，五叶松、落叶松、冷杉、白杨等掺杂在一起。对岸有个叫黄草狗毛的村子，村名怪怪的，虽说是中国的村子，但住的差不多都是从朝鲜移居过来的人，听说这里是十年前的移民村。

墩墩乔木残根　巡警局敬而远之

从江岸到半山腰开垦的田地里，朝鲜人把大树从离树根两三尺的地方砍下，地上留下无数个树墩，像吊钟上凸起的疙瘩，可能他们觉得大树影响种田。从远处望去，树墩宛如散兵站在那里，一个个站着有一里多长。我想象着曾经森林覆盖鸭绿江的情景。据说十年以来他们一直这样伐木。向山上望去，一两尺粗的红松都被砍倒，从山上运下来，堆积在江岸。

湿润的草地上有数十头白马、黄牛，一种我叫不上名字的像豆一样的小黄花点缀在青草中，搭配得很美。我们走了一里多路，到了二十二道沟。

这里设有二十二道沟巡警局，也就是鸭绿江上游最后一个中国衙门。我们这身全副武装的打扮若从巡警局前经过必定会遭到怀疑，所以先主动拜访了巡警局局长。喝了茶，局长态度温和，他跟我们寒暄了两句后，对我们明目张胆地带着武器感到很吃惊，说："你们都有护照吗？如果有伐木公司理事长的介绍信，那就护送你们到长白山头；如果没有，那对不起，现在马贼四起，请尽快返回朝鲜。"我第一次感到，中国人更容易同情弱者。我离开安东县时，一个中国通朋友建议我寸铁不带，只当一个单纯的游历者。的确，我手无寸铁地访问鸭绿江岸各巡警局，不论到哪儿都受到热情款待，包括酒肉、午餐等。可是今天带着武器，反而使他们敬而远之了。

他们想让我们离开，打算尽快把我们驱逐出去，却礼貌地把我们送到江边，不免让我觉得可笑。巡捕一边调戏渡船码头的朝鲜妇女，一边把我们送到对岸。我们上岸后，巡捕又多余地对我们说："你们快走吧！"我真想马上还击他们，让他们少说废话，但最后什么也没说就走了。如此浩渺的鸭绿江此刻仿佛也窄得能听见对岸的人说话。

普天堡客怀　参天树木

二十二道沟对岸朝鲜的村庄叫“佳林里”，山清水秀，风景优美。普天江贯穿村子中央，潺潺流入鸭绿江，主流同支流的水面差不多宽。暮霭笼罩的杨柳下，穿白衣的朝鲜人正在垂钓，看上去像太古时候的情景，飞绕孤村的乌鹊也显得沧桑寂寥。晚霞把微弱的余晖留在千林树梢上。

朝鲜境内的长白山脉从小白头山经卢顶岭，到南雪岭约四十里，刚才渡过的普天江就发源于卢顶岭的南胞泰山。我们过了桥，拖着疲惫的脚步沿江向普天堡方向走去。途中遇到了扛着桨的船夫，听说他们在这条支流向上游进二里处当船夫，用木筏渡客。在佳林里走了一里半，到达普天堡时已是黄昏。作为鸭绿江上游的国境守备，日本的一支小队屯驻在这里，还有惠山过来的宪兵办事处。这是个只有十三户的萧条的贫穷小村，除了官方的屯驻之外，只有一个杂货店。好像完全进入了像碗底似的虎狼出没的深山里，在这里保护国家的军人可真够辛苦的。今晚在宪兵队住一夜。在昏暗的灯光下记日记的时候，夜渐渐深了，月光破窗而入，山里的空气凉得透骨。

天亮了，今天是六月二十七日。我们早早从普天堡出发，晴空万里，没有一丝云彩，蔚蓝的天空宛如蓝色琉璃。三伏天终于光顾这白云之乡了，翠绿的嫩叶金光闪闪，清风送爽，脚步矫健。翻译韩先生唱着歌。渡过普天江时，这里的大桥令人震惊。桥的特点是用排列有序的整根大圆木头代替木板，把直径一两尺的圆木立在两侧代替栏杆。过了两座桥，在桥上可以看到木筏巧妙地躲避急流中的岩石，如箭飞逝而去。

沿着普天江支流向左走，就来到了通南洞村，这里是惠山镇营林分厂作业区域里屈指可数的森林地带。属该营林分厂管辖的鸭绿江干支流域的森林面积总共有一百〇二万〇三百三十五町步。其木材蓄积量预计针叶树为一亿九千一百四十七万九千三百尺；阔叶树为一百六十三万八千七百棚①。而且通南洞森林占了其中的大部分，所以应该能理解我们是如何踏入大森林的吧。越向前走森林越密，日光就越无法透射进来。老木古树中隐藏着溪流，林间只听得见溪流淙淙。在深山老林中旅行的爽快心情逐渐使我感到诗意、仙意。看到喜鹊在树上喂养小雏，

---

① 棚：日本东北地区的计算方法为1棚=3尺×6尺×6尺。约3立方米。

我觉得很新鲜，路边飘香的白花虽不争艳但令人思怀。翻译韩先生突然抽出日本刀开始砍起树来。

赶着牛拽着木材往溪畔搬运的白衣朝鲜人络绎不绝，溪边已经不知堆积了多少木材，看上去就像堆在河边的毫无用处的石头，让人怀疑这些东西真的值钱吗？的确，这山林中的原木是没有价值的，经过砍伐、搬运、编筏、筏流才产生了价值，即劳动使这些木材有了价值。

修罗落下的情景　铁炮堰的奇观

又走了一段，突然映入眼帘的是上千根木头从山上滚落下来的情景。只见从千仞陡峭的悬崖上滚滚落下的木头，有的横着，有的竖着，有的相撞翻筋斗，重叠在一起又分开，有的分开又重叠在一起，互相推挤，互相揉搓，急转落下，掀起阵阵土烟，发出隆隆响声，滚落山麓，气势极其壮观。眼看着上千根木材堆在山下麦田里。这一作业叫作“修罗落下”，即冬季砍伐的木材，先存积在山上，等到雪化季节，再运送到山麓或者管流地的集材场。因为其势宛如恶魔被推下地狱一样，所以，中国把它称为“控木”。其下落速度快得惊人，如我在八道沟正岔沟见到的那样，从约一千八百尺的悬崖绝壁上仅用四十秒就把两个连着的物体抛下来。看到这里是不是能想象出其急落直下的壮观景象呢？

今早向北行二里左右，路边有几家用带树皮的木头盖的房子，整根粗木组成井楔形，缝隙里长满了苔藓，只有一个窗户，大概住着林业人员吧。从这里开始，所有房子的结构都是这样的。弯曲的石径渐渐变窄，重峦叠嶂，嵯峨参天的巨木，仅透出一丝微光，投下的树影在衣袖上浮动，人脸上也晃动着斑驳的阴影。潺潺幽水的流动声好像树之精灵的私语，深山虚谷好像给我们什么启示，夹杂着几分凄凉的气息。

突然听到叮当斧声和人的说话声在山谷间回荡，有空谷跫音之感。只见溪流在这里被堰坝拦截，形成一泓池水，无数木头堆在岸边，几百根巨大的木头漂浮在水中。穿白衣的朝鲜人在浮木上挥斧编筏。

这是一种什么设置呢？这里叫作“铁炮堰”，有必要稍微说明一下。九月下旬进山伐木的人于十月至十二月中旬砍伐预订的木材，然后进行冬季作业，即靠牛、马、台车运材等方法，把木材运到管流土场或者河口。被运到土场的所有木材，都从四月上旬开始筏流。筏流在中国被称为“赶河”，溪边的土场就是木材存积场，编筏后一根一根让木头漂到能够漂流木筏的溪口或者江口。持续干旱的话，这项工作就比较困难，所以发明了铁炮堰这种办法。

正巧，铁炮堰的闸门被打开了，突然像一条瀑布悬挂在溪上，响声震撼山谷，几百几千根大小木头一泻千里，从瀑布口滑下来，撞到岩石上，咚咚地顺流而下。长长二百里江河漂流的第一天就这样开始了。被管流的木材在溪流和江的汇合处用装载三四十尺的小筏运到惠山镇，在惠山镇被编入运载量为七八十尺的木筏上，运到二十二里外的新乭坡，再增筏至一百四五十尺，漂流三十八里到达中江镇，再增筏到三百尺，即相当于最上游运载量的四倍，从这里行八十余里下到新义州。其间流经罗暖堡瀑布、绕七日、吾仇俳、赤岩、龟岩等险境。一根木头经过多么波澜壮阔的路程，才到达目的地啊。目睹了这一光景，我想到无数根木头的未来。它们有的会成为栋梁，有的或许被用于建造茅厕。我不禁感叹，它们未来的命运宛如人生。

轨道运木材　牛虻的袭击

靠近溪边容易被运出森林地带的巨材良木先被砍伐了，渐渐地，砍伐区域离筏流地越来越远，因此就需要用轨道把木材运出来。冬季用雪橇、牛、马等搬运到某堆积场，一到四月筏流季节，就靠台车把它们运到溪边的材场。

我们通过通南洞森林，观看了修罗落下、铁炮堰等情景，获得了一些林业知识，还见到了用轨道运输木材的情景。有四个人在轨道上运一辆台车，车上载着四根一二尺宽、六尺到一丈长的木材。我问他们能挣多少钱，回答说："一天一辆台车搬运两个来回，挣四十钱。一个人只不过二十钱。"听说最近还有人被台车辗死。路边新坟上的旗子随风飘荡，上面写着"故李广世"。

曾经想象过的鸭绿江大森林今天终于出现在眼前了。直冲云霄的巨树简直像竹林一样茂密，树木种类大多是落叶松，也有云杉、白桦、冷杉以及其他杂木，笔直得令人吃惊。没有一棵横着歪着的。沿着深山里的路向西行转向北，遇见一位头上顶着包裹的朝鲜妇女，上前询问通向深浦里的路，她回答说："沿着轨道走。"于是我们便沿着轨道一直向前走去。

轨道是架在四五尺高的桥柱子上的，下面野草茫茫，偶有溪流涓涓流淌。我们要像杂耍师那样一蹦一蹦跳过轨道的枕木，腿累得不行。连续十町的轨道跋涉，中途有时台车轰轰威力十足地跑过来，这时我们就得靠到桥柱子的一端躲开。粗心大意的韩翻译没有踩住轨道枕木，头朝下掉了下去，幸好没有受伤，只是借来的饭盒被压扁了。途中偶尔会发生这样滑稽的事情。

通过轨道上的栈桥，看到有两户人家正晒着蕨菜，这里还属于通南洞。大家休息了一下，登上一个斜坡，又进入森林深处。古松老杉中，虽是白天，却很昏暗。倒在地面上的朽木长满了青苔。枯木耸立，装点着深山老林，使人感到阴森可怕，怀疑是不是树精灵就藏在里面。行走中，不仅脚尖踢到树根上疼痛难忍，还有无数牛虻从四面八方袭来，脸和脖子露在外面的地方就不用说了，其他地方透过衣服都能被叮咬。我们用树枝当掸子，不停地轰赶，但就像用水写字一样，毫无意义。韩翻译疯狂地挥舞着树枝，在虫子面前变成凶神恶魔般。另一随从金同学背上聚集了一堆虻虫，韩翻译怒气冲冲地用树枝向金同学背上猛打过去，金同学惊得嗷嗷大叫。途中也偶有这样的小喜剧。

总之，越向森林深处走，蚊虫牛虻越多，这一点是意料之外的。长白山探险最需要的就是猿川技师送给我的蒙面罩，但是对蚊虻还是不起作用。夜里有蝎虫，白天有蚊虻，深山旅行不容易。

初次拜谒长白山 深浦里的一夜

从山顶向下走的时候，突然从树木之间看到了长白山。这时，我们一行人惊喜地同时用日语和朝鲜语高呼起来：“呜呼!”“哎哟!”随行的朝鲜人也懂得山岳的神圣美丽，他们首先跪在地上，向遥远的山峰拜了三拜，这也是理所当然的，朝鲜人和中国人都认为长白山是天下无双的灵山，就像我国的富士山一样，连三岁的孩子都常挂在嘴边。

长白山巍然耸立在苍穹中，像骆驼背似的，崇高而巍峨。如果把我国的富士山比作身缠轻罗的美女，那长白山可以比作身挎刀剑的壮士，一个是神秘妖娆，一个是八面玲珑，这是我今天初次拜谒长白山时的瞬间所感。山上的白色斑影更是奇上加奇，似雪非雪，似石非石，我拿出望远镜凝视片刻，依然没有分清是雪是石。

有人说长白山四季泛白是因为山上的火山轻石，有人说是因为积雪。不管怎样，四五日之后，我就能骄傲地登上这个山顶了。看着山体银光闪闪，真是难以想象那是轻石的颜色。今天是六月二十八日，正值盛夏之际，若说这是皑皑白雪，那就更奇妙了。我恍恍惚惚，被山岳的美妙深深打动了。

云外层峰不可攀，仰瞻绝顶雪斑斑。
巨灵应喜吾曹至，天末巍然长白山。

走下山路，又来到鸭绿江畔。这里就是深浦里，是鸭绿江最上游流域的营林厂作业地，仅十户人家。对岸是二十三道沟，而二十四道沟是所谓鸭绿江的主干流。“鸭绿江”之名就是从深浦里上游六十里的双岔口开始的。常见的地图或一般记录都把二十四道沟作为真正的鸭绿江干流，这种说法并非准确。

由此越来越接近长白山探险地。迄今为止我主要记述了伐木业的情景。途中，除了伐木业之外，也没有什么值得记录下来的。而且，长白山探险的真正价值也不仅在于登山，途中还要记录纵贯长白山脉的探险趣事等。虽然太阳还没有落山，但我们决定在此住一个晚上。江边木材堆积如山，我们看着下面的人们编筏、流筏，一派繁忙景象。

林业监督玉置氏让出自己的房间给我住，并杀鸡斟酒，热情犒劳我们一行人。舒畅的一夜使我忘记自己是在鸭绿江的深山里。这里没有蚊子，却有堆集如云的蚋虫，趁着晚上来袭击人。这时家家都点起麦糠驱赶蚋虫。这是从长白山脉到兴安岭，一直蔓延到西伯利亚一带的特种虫子，潜伏在头发里，奇痒难忍。早晨起来看到这种小虫子大量地死在枕头边，令人吃惊，原来这是一种短命虫子。

廉价生活　遭雷袭击

天亮已到六月二十九日，夜里就开始下的雨还在淅淅沥沥地下个不停。十点多才开始放晴，但前山仍是乌云滚滚。随从住在朝鲜旅店，两个人一个晚上才十六钱，真是价廉的山乡。这个地方除了纯麦饭和马铃薯之外，没有别的食物，因为寒冷，大米和小米都不产。

午前十一点左右，我们大胆地从此地出发了。昨晚吃的纯麦饭还在胃里，因此，一行人不断“放炮”，所以无法让他们走在我前面。沿江边一直向前走，天色灰暗如墨。登上老虎岭险坡，有一个上面悬挂“国柱大王”匾额的小祠堂。两个随从到祠堂前叩头三拜，虔诚地祈祷山中平安无事。可是刚拜完，就冲着神吐唾沫，他们这不是愚弄朝鲜神灵吗?

我在一块岩石上坐下来，望着山林接连天际的景色，天色越发阴沉，突然一条金蛇云间一跃，闪电刚过，巨雷便从头顶劈下来，同时雨水倾盆而下。因为毫无藏身之地，索性壮起胆子，淋着雨在森林里继续前行。路越来越窄，树越来越密。这就是自古无人进入的深山老林吧。古树长枝有一两丈长，苔藓如绳子一样垂落，好像璎珞点缀在绿丝上一样。

两岸的树木盖住江面，树根浸泡在江水里。雨越下越大，水声滔滔，连人的说话声都听不清楚。江水好像也增高了几分，路面被水淹没，必须踩着岩石才能过去。浑身早就湿透了。人到这地步，反而会变得坚强。我们甚至对森林中的激雷也感到平常了。

新村复新村　唯一的桥梁和秘密乡村

从早上开始，在雨中行走了一里半多路，渡过鸭绿江支流，有两个村子，据说都是五年前开辟的新村。进了一户人家稍避了一会儿雨。全身湿透的我们也没有能换的衣服，就让主人点旺炉火，我们个个光着身子把衣服烘干了。

离开这户人家走进森林时，又下起了小雨。落叶松下开着好像对着露珠微笑的野蔷薇，在这深山里让谁来欣赏呢？前面有一个名为“农山里”的只有两户人家的村子。再往前走五六町，来到江岸，望见对岸山林间有二三十町步的大村。被砍倒的树纵横交错在田地里，田里长出青青的麦子。这肯定也是一个新移居的朝鲜村。我们想到对岸搞清楚这个村子的情况，却没有渡船，便在江岸徘徊，忽然，机敏的韩翻译像发现新大陆似的拍手叫道：“那儿有桥！”

沿着鸭绿江行一百八十里，除了安东县和新义州之间的铁桥外，只有今天发现的这个桥。所以可称其为鸭绿江上“唯一”的桥梁。桥长仅有十余间。浩瀚的江水到上游便变窄。过桥寻到村长家里，他告诉我们这里村名为“温厚社”，村民是八年前从朝鲜明川、吉州地区移居过来的。

放眼望去，估计有十户人家，想问问村长有多少人口，村长却说：“长白府有严格规定，这个村子的情况绝对不能跟任何日本人讲，朝鲜宪兵辅助人员来探查过，但是我什么都没说。”这还是个秘密乡村啊。村长对我们一行人毫不客气地说希望我们快点离开。移居中国的朝鲜人，带有排日思想的比较多。我问他们为什么朝鲜人移居中国？村长笑了，回答说：“五年前（中国）政府开始免税，山上的树我们随便砍伐，耕地我们也随便耕种，比在朝鲜生活好。”后来我查了一下资料，从八道沟到二十四道沟，长白府管辖区内，中国人约三百八十三户，人口二千二百七十人；朝鲜人二千一百九十三户，人口约一万一千零五十五人。明白越境移居的朝鲜人有多少了吧。村长家的大门口上挂着一个牌子，上面写道：

右认许设民国长白府温厚社上面大直洞崔京世设里之牌头而率八户生业农事而细业

纳于中国官厅而若日本人朝鲜民之携式去等牌头崔京世提来右人照查后严惩而事

民国元年七月

长白府

这是村长说话的时候我快速抄下来的。加上严惩与日本人提携这一条件，表明其排日思想。

桥上大乱　赔偿两斗麦钱

喜好热闹的韩翻译近日无所事事，心里正感到发痒。今天这个村子这么保密，甚至有点蔑视我们的行为，正中他下怀。但是并没有可以争吵的机会，我们辞别了村长。正过桥返回的时候，在桥上遇见两位妇女，她们头上顶着盆，盆里装着磨好的麦子。她们是将用朝鲜岸边的水臼磨好的麦子运回自己的村子。韩翻译终于找到了发火的对象，突然大声向她们喝道："你们这些移居中国的贱民，谁允许你们用我们国家（朝鲜）的水臼磨麦子了?"两个妇女大吃一惊，头上的麦盆跌落到水里去了。这下可坏事了，她们大声惊叫，撩起契玛（裙子），一溜烟逃走了。这次韩翻译好像不是在搞笑，而是从心底发出来的恨意。

不一会儿，只见村子里来了十几个壮汉，手持斧头、镰刀、木棒子等，一边喊着"粗暴的家伙你们找死啊!"一边追过来。韩翻译见此拔出明晃晃的日本刀，喊道："来！过来啊!"他站在桥上摆好迎战架势，来人被镇住了，不敢向前，石子儿便像下冰雹一样砸过来，有一个石子儿"砰"的一声正好砸在韩翻译的头上，他一下子火了，像疯了一样大喊着冲入对方人群。一眨眼工夫对方就逃散了。

这时，村长一边摆手，一边走过来说"静一静！静一静!"他为今天对我们的冷淡表示道歉。这样我倒同情起他们来，于是，我决定自己掏腰包赔偿她们八十钱，因为打翻了两盆麦子。韩翻译还没有止住怒气，想让村长吃他的拳头，被我制止了，我们离开了这里。好像保护玄奘法师的孙悟空似的韩翻译，其义气可嘉但是太爱惹事，让人受不了。今天损失八十钱，只换来了韩翻译头上的一个大包，成了大家路上的笑料。我们又开始沿江而上。

夜宿独山里　到处是虎狼

离开温厚社还不到一里，绕江来到独山里。这儿是鸭绿江上游的最后一个贫寒小村。这里有十七户人家，是八年前新建的村子。从这向上再没有江畔人家，也没有路。里长姓张，我们在他家住了一个晚上。我们希望他能让我们杀一只鸡，主人马上答应了。韩翻译就用手枪杀了鸡，用日本刀切了鸡肉。此时主人说还有好吃的，便请我们吃了马铃薯粉条，我是平生第一次吃到这种少见的东西，白得像银丝一样，不太好吃。

这个村子没有电灯，大家过着日出而作，日落而息的日子，村里都是没有钱的人。今晚村民们看见我点着蜡烛写日记都感到惊讶。这里的学校老师带着六名学生来了，一个个在我面前磕头敬礼。其中一个十岁和另外一个十一岁的童子头上结着发，原来他们都结了婚，老婆分别为十八岁和二十岁，这真让我吃惊。问了一下老师的工资，他说月薪一元二十钱，有妻子和一个孩子。近来日本常有人著书宣扬“简易生活”或者“廉价生活”等生活方式，看来这些人应该先到这样的地方来考察。

忽然前面田地附近升起火焰，发出叮叮当当激烈的响声。我问发生了什么事，他们说野兽每晚到此糟蹋庄稼，所以村民采取了预防措施。听主人说糟蹋庄稼的多是野猪，而白天狼从农家叼走小孩的事情也时有发生，还有老虎袭击家畜，一到夜里村子里就常发生这样的事。所以，村民为了捕获动物设下圈套。他们的方法是挖土窖，把中间用格子隔成两室，最里面养猪。老虎觊觎里面的猪，踩了底板，一边的门就会“哐当”一声落下，掉进土窖，而里面的猪安然无恙。另外，也在山中开凿龟形的洞穴，插两三根竹签，洞上面覆盖一层土，老虎走在上面就会掉下去。为了麻痹老虎，上面伪装成人行的道路，老虎掉下去，就会插入竹签，被逮住。今年冬天，在前座山上已经抓到了两只老虎。主人得意地说着，我倒觉得好像身陷狼窝虎穴一样。夜里睡着了我们又被跳蚤弄醒，之后怎么也睡不着了。

再做探险准备　增加向导随从

这次旅行我采取了最简便的方法。只要是在有人家的地方，不管麦子还是小米，就吃当地的东西，快到没有村子、农家的地方时，就在有东西吃的地方买当地的食物。这样从惠山镇买来的粮食还没有吃。这个村子是鸭绿江上游最后一个村子，所以必须在这里准备粮食。说到粮食，这个地方除了麦子什么都没有。麦子三斗的价格是一元二十钱，是燕麦，它和其他东西混在一起做饭也比较省事。我把带来的糯米掺在这种方便的燕麦里，想以此来完成长白山探险。

行李的重量和体积都有所增加。从此地出发前边再也没有村子、农家，模模糊糊的山路断断续续的，要去到对岸中国，没有带路人寸步难行。我们听从村长的建议，在全村人中选了一位壮汉带路。他姓韩，名叫镇英，今年四十二岁。他带的箱子里面有酱油、葛粉、麦子，一瓶祭祀山神的酒，准备得很全面。自带粮食的向导，再好不过了。白衣皂冠的带路人六根清净，正适合登山。听说他原来是学校教员，还能跟我一起作诗，这是一个意外的惊喜。

从鸭绿江边登长白山的路线，一条是由朝鲜普天堡直接经过茂山街道到达胞胎山，然后再从小长白山方面登山；另一条是从中国帽儿山逆流而上到二道沟，横穿老岭的一部分，到松花江上游汤河，再从西大岭方面登山。据我所知，这两条路径最安全。而我想确认鸭绿江两岸长白山脉的林木砍伐情况以及森林实貌，并希望发现其中隐藏的奥秘，因此选择了前人未走过的难走的路。

无路大森林　炊烟雷雨中

同行四人各自背着六七贯左右的行李，并不觉得太重。大家勇气十足，从独山里出发了。张村长一直把我们送到江边，并亲自驾独木舟把我们送到对岸。谢过村长，我们登到半山腰，就搞不清楚路了。踌躇了一会儿，又大声喊村长，想向他问路，但是村长的影子已消失在树林里。我们又向上走了一段，隐约看到路的模样，走一会儿忽然又消失得无影踪了。不得已只好信步向前。韩向导不断地低头思索，才刚刚进山就这个样子，真不知道以后会怎么样？我也开始为前途担忧。不过没路也没有办法。

大家靠着我的指南针一步一步向西行进。灌木丛生，露水打湿了全身，衣服变得沉重，走了一里半路，穿过森林，眼前突然出现一片旷野，平坦宽阔，有一里左右。在这无人之地，不知什么时候遭遇过野火，燃烧后的残木呈灰白色，像鬼似的立在远处天空下，空气中带着一丝荒凉。走到原野中间，已是下午两点，肚子渐渐饿了，我们就在这里卸下行囊，准备做午饭，探险的意味越来越浓了。

带路人从自己的箱子里拿出马铃薯粉，让韩翻译用山里的水和面。然后用两三根树干支起架子，把烧水的盆放在上面当锅，这个锅可解决大问题了。不愧是山里人，他把有点潮湿的树枝放到锅下，又剥下几块杨树皮用火柴一点，啪啪冒出黑烟，一下子就把树枝点着了。水一开，他就把面用手指揪成丸子，下到锅里，几个随行的人都很能干。丸子还没有煮熟的时候，天空突然阴起来，哇！糟了，顷刻雷鸣雨落，好不容易点着火开始做饭，真倒霉。因没有时间搭帐篷，所以大家用帐篷布盖住行李，撑起各自的伞一起盖在火上，炊事总算能够继续下去。一会儿丸子熟了，雷也停了，雨也歇了。大家尽情地吃了一顿丸子后，又上路了。

遇见马贼　到处是水洼

走了一会儿，见原野尽头的树下有间用带皮的树干盖起来的小屋，一个壮汉抱着枪在那蹲着，另一个壮汉在露天砌的锅灶上煮着小米饭，长着一副不寻常的模样，留着长辫子。我认定他们是马贼，便先下手为强，迅速跑进他们的小屋，用力拍着他们的肩毫不客气地说："让我们在这儿休息一下"，就坐了下来，然后让韩翻译问他们："你们到底是干什么的?"两个家伙看见我们突然闯入，好像同样也感到吃惊，回答说是士兵，可是他们一点也不像士兵。看他们好像没有抵抗的样子，所以疑问没有搞清也罢了。不久我们就离开了那里。虽然担心他们会从背后突然打过来，但还是壮起胆子向前走去，没有回头。

山谷中有一片原野，到处都是涌出来的水，我们只好从石头上或者有点儿硬的地方一蹦一跳地行走。踩错地方就掉下去，水会淹没膝盖。这样走了一里，才到了原野尽头，进入森林。在茂密的树下，有一条只有蛇才能通过的模模糊糊的窄路，荆棘毫不留情地钩住衣服，纵横交错的树枝挡住可以让人通过的小路。我们艰难地往前走。又下起雨来，也不能打伞，上半身被雨浇着，下半身浸在水中，到处都是水洼，脚冻得像被刀割似的，全身瑟瑟颤抖，每个人嘴唇都冻成了紫色。今天已是六月三十日，却寒冷难耐。

林间清溪　捕捉鸭子

终日在不见太阳的森林中行走，今天突然来到一条溪流旁。因为出发晚了，加上路途险阻，所以没走多少路。我们一直在向西走，到这里也不过才五里路程。这条溪水叫“求思水”，在二十二道沟的上游，在深浦里的下游二里处注入鸭绿江。

雨完全停了，夕阳一闪一闪地从树缝中射进来。我们拖着疲惫的双脚沿溪流方向向北走，来到茂密的森林里。林中的天气阴晴无常，这时突然传来轰隆隆的雷声，好像就在头顶上。雷声惊人，雨水如注。每个人全身都湿透了，天也快黑了，就在这时，我们发现了一个溪边的岩洞，于是决定在岩洞上面盖上帐篷，在此过夜。

等雨小了之后，大家从岩洞里爬出来，开始分工做饭。收集树根，剥杨树皮，搭锅灶，生火的，淘米的，做菜的，还真忙乎。只有我免去了做饭的活，扛着猎枪在溪边徘徊。天已近黄昏，头上花粟鼠在树枝上跳来跳去，隔溪听见对面有鹿的叫声。

突然我发现有只鸭子就停在溪边，“呯!”的一枪，击中了鸭子，几只雏鸭吓得飞走了，我捡起打死的鸭子，回到岩洞一看，饭盒和盆里热着饭，火上烤着韩翻译空手抓获的四只鹌鹑。我捕捉的猎物，用刀切了切，做了鸭汤。大家在岩洞里美美地吃了一顿野味。

初次深山野营　半夜发现壁虱

今晚我就是岩洞大王，与三个随从一起卧洞而睡。在地上铺了一条毛毯，但石块、木片等凹凸不平，腰疼得像要折了似的。四个人并排躺着，下半身露在外面。在帐篷前堆起小山似的枯木，点上火，烧了起来。

我迷迷糊糊地进入梦乡，突然觉得耳边叽叽喳喳的，睁开眼睛一看，山鼠正在啃食我当作枕头的小麦袋子。这可不得了，我起身赶走了山鼠。刚要入睡，觉得身体奇痒，点上蜡烛检查了一下，哇！身上附着三只壁虱，肿起来的大包跟丸子似的。把它们从身上抓下来时身上疼得不得了。我把他们几位都摇醒，问问他们怎么样，结果每个人身上都吸附着三四只。

寄生壁虱让大家清醒过来。今夜冷得连一只蚊子也没有，温度降到四十一华氏度（五摄氏度）。农历十五，明月清淡的寒光从落叶松树枝间倾泻下来，夜色沉沉，营火已经熄灭，黑暗里听到远处传来狼嚎声，潺潺溪流终夜在枕边窃窃私语。火灭了虎狼就会袭来，只好再次点着火，取暖中天不知不觉亮了。薄薄的峡雾从溪上升起。

森林百花　色彩缤纷

有随从为岩洞大王准备好早饭，我着实很高兴。但是锅里的纯麦饭难以下咽，我只吃了一点点便匆忙准备上路。带路人性格顽固，决定从今早开始不碰一点腥膻之物，并在溪边默默洒水净身。

我们继续向北行进，山重水复，路时有时无。森林幽深，每天穿行于暗不见日头的树木中，看不到远处，望远镜一点也没有派上用场，成了累赘。然而即使在这无人之地，上天也赐予了缤纷的色彩。森林中，快凋谢的杜鹃花瘦瘦的，像头上的簪子，是万绿丛中一点红，道边开满蒲公英。三个月前，在二百里下游的龙岩浦观赏到的燕子花现在正在盛开。今天是七月一日，春天的百花又在这深山里绽放异彩，让人忘记了炎热。第一次见到这种小白花在岩石间竞相开放，听带路人说，这种花叫作“白仙花”。因为有香气，在山里是茶叶的替代品。他又解释说这也叫“山茶”，我觉得像石楠花的叶子，但很小，花朵仅如豆粒一般。

从早上开始到现在走了三里半，有时沿着溪流，有时远离溪流，一直向北。还没到正午，随从们催着要吃午饭，就让他们吃了剩饭，我做了些葛粉丸子。这种丸子对探险家来说是最简便、最好的食物。

走过长满落叶松和红松的森林，再往前，几乎就看不见阔叶树了。偶尔看见一棵叫作“皮木”的直径四五尺的阔叶树，伸向天空。从通南洞开始整整四天，都是在森林中穿行，从昨天起，已经进入原始森林，高大的树木遮天盖日，不知什么时候才能走出去。

又走了一里半路，前边是一片辽阔原野，终于见到了阳光。原野上绿草生长得特别茂盛，行进其中人被完全淹没了，相隔五六间远，只能见到帽子在移动。由于脚力的不同，我们拉开了距离，前后差了二三十间，前面的人喊道“喂——!”后面的人应道“哎!”路险加上沉重的行李、脚的疲劳，每个人的脸上都没了血色。不过，韩翻译依然精神抖擞，他大声地唱着中国歌，逗得大家直笑。

熊熊火柱　白天猛兽出没

七月的森林，凉爽得没出一滴汗，早晚山气更是透凉。但今天雨过天晴，有点儿潮湿闷热，蚊虻开始横行，用树枝赶蚊子的手一刻也停不下来。稍微停一下，或者系个鞋带的工夫，它们就会从四面八方围剿过来。虻虫能透过衣服叮人，真受不了。在绿荫处休息，爽快宜人，可是稍微休息一会儿，无数蚊虻就围上来了，站也不是坐也不是。我们迅速生起了火，用烟熏走蚊虻，得到片刻安宁。毕竟是盛夏，在火焰旁边休息也热得不得了。

突然眼前出现了惊险的一幕恶作剧，其实并非恶作剧而是驱蚊虫方法之一。一棵直径一二尺的高大桦树树干上流满了树油，我用火柴一点，竟成了熊熊火柱。其势壮观难以形容。

我们继续向前走，这次不仅发现了地面上有熊的脚印，还发现了熊粪。另外还有老虎的粪便，圆形的，都是毛。带路人不愧是山里人，不仅能分辨出虎粪和熊粪，甚至能详细说清它们活动的路线。

越过原野再次进入森林。这里是一片杉树林，没有一棵别的树。这片针叶树林有半里长，从千万枝头垂下五到十尺长的苔藓丝，纤丽异彩，几乎无法用词语来形容，就连并非风流雅士的随从们也都大声惊呼起来。今天是个好天气。树荫完全遮蔽了阳光，阴森森的，风吹着树梢嗖嗖作响，针形叶子啪啦啪啦像下雨一样落下来，像翠钗铺满地面，很美。夏季是常青树的新旧叶子交替的时期。朽而生，生而朽，持续千年保持着完好的森林。大自然这一宝库不知什么时候才会被打开?

在林间戏耍的獐和鹿成群结队，一见到人影就突然逃到山里去了，只幽幽地听到呦呦的声音。穿越这片森林后，在西北方向第一次望见一座翠峦，即红头山。

只有一户的村庄　原清朝工兵屯所

行五里后，河水迂回曲折，我们过了一条又一条河，每次都是韩翻译背我过河。走到二十二道沟河水的尽头，又走了半里左右，来到一片绿草绵延的原野，美丽如画。

用望远镜望去，原野尽头有一片麦田。大家惊喜得跳起来，因为整整两天都是在无人的深山老林里跋涉，以为今天还要继续露营呢，没想到发现了村子，当然高兴。走进村子一看，原来只有一间荒废的破房子，里面有一个朝鲜人正在做饭。询问了一下村子的情况，主人岩氏告诉我们，这个房子原是清朝工兵屯所，七年前由于开凿长白府通往背河的道路，就在这里修建了营所。因为土地低湿，没有道路开通的希望，这个计划就被放弃了，屯所便也成了空房子。长白府四年前给四名朝鲜人每人五元奖金，让他们移居到这里。虽然是只有一户人家的村子，但也起了个大名叫“牛首洞”。

人们至今都认为这一带完全是无人之地，可是近来朝鲜移民一点点搬进来，比中国人先一步来到长白山下，开拓深处这座大山，朝鲜人的开拓思想惊人。在这荒芜原野里的一家人，必将成为开拓者的祖先。我想象斗转星移之后，将迎来从一户人家的村子发展成千家万户的时代。

满满一河鱼　神酒失踪

我们决定就在这家过夜。照例是朝鲜人惯有的简易生活。家里没有门窗，只铺着干草，吃的只有马铃薯，环顾四周，只有一个锅灶，连餐具、被褥都没有，全家的财产只有一头牛。主人特地为我们煮了小米饭。家人捕鱼回来，令人吃惊的是他背回满满一篓子像鳟鱼那样的鱼。他说这条溪流多年没人捕捞，这种鱼的繁殖速度惊人，捕捞方法也是最简单的，拿一根大棒槌随便往水里使劲砸下去，鱼就翻着白眼漂上来了。他自豪地说这些鱼都是用手捉的。

我先躺在干草上做了个美梦。烤鱼的香味使我从梦中醒来，有盛在大盆里的金黄色的小米饭，还有新鲜的烤鱼。可惜带路人和随行的学生开始斋戒，不吃荤腥，以清净六根，所以这么多鱼都进了我们这些无神论者的肚子里了。今夜第一次用我们带来的蜡烛照亮了这个家。半夜炕凉了，看了一下温度计，室内温度是四十三华氏度（六摄氏度）。尽管如此，还是比野营好多了。

早上起来已经是七月二日，我们吃了早饭正准备出发，得知这家的人都已经早早出去干活了。在前面山上的田地里看到他们头上冒着烟，简直像《列仙传》中的人物。觉得不可思议，就问带路人，他说那是为了驱蚊子，把干蘑菇穿成串，点上火，戴在头上。真是一个该取得专利的驱蚊方法。长白山山中晚上冷，蚊子不太逞威风，但是白天蚊子到处围困，嗡嗡叫着。带路人说今天要在途中敬山神，把小麦粉用纸包上塞进衣兜。那纸是在这家人不在家的时候失敬拿的，好比是偷了佛钱给佛买香的做法。接着拿出瓶子想把神酒从背篓里倒出来。哎呀，怪了！一滴酒都没有了。带路人大怒："竟有如此不信神的人，没法登大山了。谁喝了酒谁知道，我到此就不奉陪了。"这不就等于航海没了指南针一样吗？偷喝神酒的除了韩翻译没别人，所以让他吃了我三铁拳。带路人见已报了仇，露出笑脸，总算解了心头之恨。

一林又一原　淹没腿肚子的湿地

早上七点从牛首洞出发。我们走出了绵延一二十里的大森林，接下来是一片茫茫的原野。我们这几天一直走在微暗的森林里，尽享深邃幽玄之趣，但是无边无际的森林旅行多少有点儿单调，令人开始厌倦了。而今天所到之地或是幽林，或是旷野，有时登高眺望，有时低临幽谷，变化多端，很有意思。

另外，由长白府到长白山森林，从十九道沟到二十二道沟的水源尽头，有二十二里远，是富藏优良木材的大森林，再向上的林况，顺着我的足迹再去说明。

离开牛首洞，到了长约十五町的草原，然后进入四五町长的云杉林。穿过山林，看见了山神老爷庙。带路人供上准备好的小麦粉，三拜之后用朝鲜语祈祷道："山神老爷，这次几位日本人为登长白山特意远道而来，祈求保佑大家途中不会受伤，不会遭到野兽侵害。"我听懂了他的祈祷，深深地为他从心底发出的善意而感动。

从这里往前走有半里多湿地，没想到过这片湿地那么困难。脚踩上去再拔出来，相当费劲，不管怎样都会陷入一尺多深。山再险峻好歹都能爬上去，可是这湿地不快点把脚拔出来，就会越陷越深，所以必须拼命把脚拔出来，轻轻踩上去，像飞行似的走才好，所以大家都黑着脸，诅咒如此险恶之路，但也没办法。这宽广的湿地草短苔青，偶尔有一些像手杖一样的落叶松枝，在湿地里好像很伤心似的。在这湿地上行走，两只脚完全成了木头棒子。终于走过了半里湿地，来到一片草原。草色青青，远处的针叶树如旷野的屏风一般。

又见长白山　绵延三里的花地

自从在深普里的山上第一次望见高耸入云的长白山雄姿以后，连续五天在森林中行走，今天又见到了原野另一头的长白山。看上去在东北方向直线距离不过七八里左右。

从朝鲜境内的独山里渡过鸭绿江进入中国境内的长白山后，一直向西北走，到九道沟森林附近，沿着二十二道沟的上游向东北方向迂回，如小于号“<”的形状，今天终于到了这里。在这一带眺望长白山，就像远望富士山那样，富有情趣。山顶有几座山峰，不负天下名山之盛名。山体呈淡白色，上层是白皑皑的条痕，或长或短，呈现各种状态，发出银色的光辉，令人眩目。我用望远镜注视了一阵，发现整块的白色是轻石，一条条银色是残雪。

远望长白山后，我们从这个草地下去，这里好像是分水岭，至今为止，小溪都是向西南方向流淌的，而现在则流向了西北方。后来我了解到，向西南流的河流注入了鸭绿江，而向西北流的则注入了松花江。这一带的地貌显得非常温润，没有突出的累累岩石，没有巍峨山峰的遮拦，只有旷野和山林交替的山峦，起伏延绵到无际的天边。

另外，从昨天下午开始，森林中几乎看不到落叶松，都是云杉、冷杉等常绿针叶林。也就是说，落叶松林转变成了杉树林，其中还夹杂着阔叶树白杨。

我们沿东北方向行进，突然一行人“啊”的一声停下脚步欢呼起来，眼前是一片一望无际盛开的菖蒲花。这种奇观在其他地方是见不到的吧？对我们一行人来说，也是此次旅行值得纪念的风景。紫色而丰满的菖蒲花开满了望不到边的旷野。绿色的大地上点缀着紫色的花朵，就像天然的大地毯。

仰望长白山奇峰，沉浸于菖蒲花香，走过三里花地，宛如仙境。千里无人旷野香，寒烟迷溯宁静天，大自然用美丽迎接我们，令人心旷神怡。

蔬菜草药繁茂　全村男女惊逃

穿过三里菖蒲花地，前方是林间一里长的平川，继续向北走，发现微暗的草丛中长着牛蒡、大葱等，试着挖了一根牛蒡，像牛角那么大，咬了一口大葱，又辣又甜。这可是真的野菜。草药有芍药、黄连，长势繁茂，人参是长白山有名的特产，而此时“山里红”也已进入开采期。

不久，我们从高处发现一个村庄，有十二户人家，从房子的构造上看，是朝鲜移民村。庭院中的一群孩子看到我们从半山腰处走来，吓得连哭带呼地跑回家，于是全村男女抱着小孩，扛着袋子都跑出了家，一直向东不停地跑。我们用朝鲜语大声喊：“不用怕！不用怕！”可他们都消失在林子里了。他们的惊慌也不无道理——佩戴刀枪的四个武士——打扮得鬼模鬼样的人突然从山上出现了，不被认定是马贼才怪呢。

我们走进村子一看，没了人影，只有鸡、牛、猪等散养着。让翻译韩先生把逃走的村民找回来。我们问清情况，向他们做了解释，并且请求留宿一夜。最终，我们住在了一户姓廉的人家里。

自给自足的理想村庄　村民都喜欢吃糖

这是一个十年前从朝鲜境内移民过来的村子，他们自愿移居到此无人之地，自称“天守洞”。山林任由他们砍伐，土地任由他们耕种。这里是不在政府管制下的世外桃源，所以，没有上过税，没有一个人知道日朝之间的事，没有人听说过中国革命，更别提南北战争、欧洲战事，那些当然是不知道的。他们与世隔绝，也没有政府和学校，一般是父亲做老师，教孩子识字。

这个村子不需要缴税，也不需要半分钱来购买东西。在这十二户的村子里没人见过货币，衣、食、住都是自给自足，他们用树皮纤维纺线做衣服，剥下兽皮制成裘衣。一年三百六十五天就靠吃马铃薯过活。因为下霜早，其他农作物都被霜冻死了。在这个村子里，我第一次发现了只靠马铃薯就能生活这一事实。人们去山里采挖人参、牛蒡、葱等自然生长的根菜，将牛蒡制成淀粉，采摘山果酿造药酒。逢喜事丧事，端出马铃薯酒，杀鸡宰猪就够了。他们挖树根、养蜜蜂、打鱼狩猎，悠然自在地维持着生活。

房子是用整根圆木组成的井字形框架，铺上草就行了，不需要木工，也不需要泥瓦匠。农业靠全村共有的牛一起耕种，收获公平分配。邻家通婚，相帮相助，这是何等的无虚饰、无差别，而且没有犯罪，也不需要法律。无为而治，说的就是这个村子吧。山泉滚滚涌出，清风徐徐吹来，他们自信病魔不能进入他们村子。不知日历，只看月亮盈亏的深山里有爱恋、有欢笑。儿孙满堂，村里有十七个孩子站在我们面前，像筑起一堵墙似的。刚开始哭着逃走的小孩现在也都一点一点凑过来了。

我从皮包里拿出砂糖，用朝鲜语笑着说：“给你们好东西。”每个孩子都伸出像熊爪子似的小黑手，我在每只手上倒一匙砂糖。这个村子还没有砂糖，父母们也从孩子手上捏了一点儿放在嘴里。“好吃！”大家一起品尝砂糖，也怪滑稽的。

现在是盛夏，每个村民都穿着填充了枸蒲穗的棉衣。白天温度五十九华氏度（十五摄氏度），田里的麦子才刚刚长出一寸，如果没长出麦穗就下霜的话，村民会一点儿收成都没有。而只有马铃薯肯定会收获一次的，因此马铃薯就成了他们日常的主要粮食。现在马铃薯也好不容易发芽了。这山里一整年没有蝉鸣，没有萤火虫飞舞，不用忍受漫长的闷热之苦，有砍不完烧不尽的木材用以防寒，严冬时房内也如暖春一样。一年仅仅干三个月农活，没有任何世间的羁绊，剩下的九个月躺着生活就可以了，真羡慕！

打虎壮举　三天打一虎

这个村子第一次有日本人来，所以从全村收上三十个鸡蛋、两只鸡，还从每户收了两升马铃薯。村里的女人们穿着白衣，到泉边把马铃薯洗净捣碎，做成淀粉，然后做出了非常好的粉条，这些都是给尊贵客人吃的，做好之后放到托盘上。村民围成一圈站在我们周围，在无灯光之地他们第一次看见了蜡烛的光辉，都拍手雀跃。他们打开装着马铃薯酒的酒壶，大家就着下酒菜，一起喝了起来，酒很醇，让人陶醉。

酒过几巡，谈话谈得兴奋时便说到了打虎，村里的长老廉老爷开口说道："老虎是我们崇敬的山神老爷，这个村子不猎虎，如果你们要打虎的话，我给你们带路。但是扛着枪去山里打猎，多半徒劳和危险。我十年前在咸镜北道的旧里住的时候，经常去打虎。打虎最好的方法是……"他喝了一口酒，继续说道："打虎必须在月夜进行。需要牺牲一头猪。在森林中大树上搭个棚子，射手隐藏在棚子里，把猪拴在树下，向上一拉猪头，猪就会发出惨叫，老虎听到此声就会奔过来，在它要向上扑的一刹那就射击，这是以逸待劳的猎虎法。"廉老爷的口气很得意。明晚正巧是阴历十七，计划着让廉老爷带路，我们进入深山老林。

"东边那座山里有三只老虎，西面山里只有两只老虎"，他像背诵老虎的户口似的说着，动作和口气都很有意思，看上去非常自信。我们奔往住着三只老虎的东山去。踏入无路的森林走了一里左右，廉老爷说："看，这是老虎走过的路。"周围的草有点被踩蔫了，附近有一棵茂盛的大树，我们就在这棵大树上搭了棚子，周围用柏树枝盖得严严实实，然后返回。

天渐渐黑了。我们把一头小猪背在笼子里，朝目的地走去。除了廉老爷之外，射手由我和韩翻译担任。别人都不许同来。然后等待月亮升起来，就照着之前说的那样行动。可是到了五更老虎还是没有来，大家很失望，决定返回，明天晚上再来。第二天还是没有老虎的影子，我们开始怀疑廉老爷关于老虎户口的话来，甭说三只老虎，连一只也没有出现，等得都发呆了，我决定打虎到此为止，明天一定得出发了。可是廉老爷不停地劝说我们明天晚上再试一次，我经不住他的劝说，最后还是多留了一个晚上。

阴历十九日夜，月色笼罩着老柏树，树下阴森昏暗。看了一下手表，是半夜一点二十分，远处传来老虎的吼叫声，悠长的吼叫声在山谷中回响，十分惊人。

我不禁想起“猛虎一声山月高”的诗句，与此时此景多么贴切啊。老虎一声吼，使我们都振作起来，我们在黑暗中拉起拴在猪脖子上的绳子，猪拼命地狂叫起来。不到一个小时，就听到“咔嚓——咔嚓——咔嚓”吓人的声音。大怪物冲进树林奔过来了。每个人嘴里都默默地唤着“虎！虎！虎！”心跳达到了最高峰。

老虎突然出现在距离只有一丈远的树下。老虎的眼睛闪闪发光，怪不得被形容为像悬挂的双镜似的。老虎在离猪六七尺的地方蹲下来，猪就像僵尸一样趴在地上，连哼哼声都没有了。像猫捉老鼠似的老虎，高叫一声向猪飞扑过来。开枪！我“咚”地射过去一枪，两人又接连射了三枪。“射中没射中?”没有发出老虎倒在地上的声音，却感觉它跑进林子里去了。啊，真遗憾，可没有办法。我们决定明天早上再找。总之我们今晚返回了。我心里则一直在想着刚才的枪击。

第二天早上我们带领全体村民到山中寻找老虎。在距离被射中地点十町左右的岩石下，果然发现了那只大老虎。大家欢呼雀跃。这只老虎正如人们说的那样，死了也不失虎威，它是睁着眼死的。六个人把它扛回村里，这个晚上，全村人聚在一起吃了虎肉。虽然夏天的虎皮没有多大价值，但舍不得扔掉，撒上灰，去掉油。回日本的时候，我把它带到了京城，在永登浦的皮革公司加工后，铺到旭馆楼上，逞了一阵威风。虽然虎皮毛色不太鲜艳，但是个非常好的铺垫。后来不知被谁弄丢了，现在还觉得可惜呢。

猎鹰人　月池洁身敬神

因为猎虎，不得已在此村逗留了三天。今天已经是七月五日了。傍晚，村里来了三个朝鲜人，每人背着一个笼子，里面装着两三只老鹰。原来他们是从距此一百三十里的西大岭一带来猎鹰的。生擒老鹰，走几百里路带到平壤，一只老鹰能卖十三元。进入这座深山老林的猎手要有足够的耐性。还有一个村里的老人昨晚野营归来给我们剥来很多柏树皮，这是做纸和鞋的材料，好像跟日本的柏树皮不一样。

我们决定明天出发，廉老爷也要随同我们一起出发，给我们带路。今晚丑时，村民男女一同聚集在泉池，洁身敬神。我们也参加了。将身子浸入水池中，水中月影绰约，身子冻得像被刀割一样疼。用水净身之后，在村后家神庙点上蜡烛，供上神酒，全村人在庙前高声祈祷，祈祷登山者平安。看来信仰与国家文明程度的高低无关，在哪里都是一样的。

离开天守洞　比赛摔屁股墩

今天是七月六日，队伍里又增加了一位向导廉老爷，他今年五十六岁，来中国已有二十九年，去过很多地方，攀登了六次长白山。他一生最大的乐趣就是祭山神，祈祷全家平安无事。真有一颗赤诚之心。在这位新向导面前，韩向导像太阳出来后的灯火，什么权威都没有了，但我还是决定让韩向导跟我们同行。

先说明一下，这长白山探险，如果没有带路人是绝对不行的。岔路多，一步走错则相差十里，这就是山路。有两位好向导，途中不用担心路线，我十分高兴。村里人把我们送到村头，每个人都从心底真诚地说："盼望快点返回，祈求山神保佑大家平安下山。"依依惜别之情，真是前生之缘啊。

一行变成五人了，在这里把一路上需要的粮食准备充足，他们四个人分担，什么都不让我背。异国他乡，语言不通，人情却这般厚重。两个向导头戴草帽，手持登山杖，五个人走在草原上，身子的三分之一浮出草面，与前面的人距离稍拉长一点，就只能看到草帽在原野上晃动。这一里多的草原，一定能放养几千只牛羊。

虽说已是七月，蕨草却才长出。早上风冷，更觉行装单薄，空气清爽得简直跟秋天一样。野地里长着牛蒡、金鸡草、泽兰、水菖蒲、耧斗花、蓟，春夏秋各种花交织在一起，满地花香。一种铜钱大的不知名的黄花开满大地，像金珠散在碧玉盘上似的。此时北方的大地宛如花园一样。

我们一直向北行进。望着西边连绵的山脉，走到草原尽头，来到一片大森林，路转向东北，林木越发幽深，其大部分是常绿柏树类，里面夹杂着一种叫作"黄木"的阔叶树，当地人用它来做盘子。虽然天空晴朗，但是时而听到轰轰雷声。走得越深，森林中原始的气息越发浓重。听到远处麋鹿鸣声，越发觉得山深谷幽。

走过险峻山岩，攀上悬崖，回绕幽谷，在青苔满地的路面滑行，五步一滚，十步一跌。"苔滑非关雨，松鸣不假风。"这句描写寒山的诗简直道破了此深山幽谷的实景。当地人制纸、编草鞋用的灌木植物也很多，路边胡颓子的果实还发青。过一条向北流动的小溪，走了半里左右，出现一条稍大一点的溪流，仍是向西北流动的。向导说这叫玉山溪，即松花江支流之一漫江的一个小支流。

迅雷飞雹　发现狩鹿猎人小屋

从早晨开始，已走了三里，穿越有很多阔叶黄檀的树林时，伴随着闪电，迅雷在头上响起，不久大雹子啪啦啪啦地从树间落下来，千万颗白色的大小冰球一会儿在地上铺了三英寸来高，我们踏着冰雹，打着寒战向前走，突然冰雹变成了雨。天气变化莫测，雨水涔涔地从密林中滴落，我们就像淋浴一样。树枝交错，连雨伞也打不开。

以后想在长白山探险的人最重要的是先准备好防水雨衣。困扰我们的还有蚋虫，当虫群猛烈扑身时，难以防范。这种虫子下雨也好，下刀子也好，都不会消失。蚊子越向北走越少，但是蚋虫却更加霸道。这时雨势加大，一点儿也没有要停下来的意思。我们在雨中又走了一里半左右，突然发现森林中有一个小屋。

这是狩鹿人小屋。两个中国猎人正在焖小米饭。有三个榻榻米大的炕上铺着树皮，土炉里柴火熊熊燃烧。对我们来说，这真是再好不过的避雨之地。我们先把湿透了的身体烤暖，然后把途中捉到的三只鹌鹑整个烤熟，啃着从天守洞带来的马铃薯。听猎人说，要捉住鹿，就要把鹿追到某一地方，然后用树枝围起来，鹿被困在里面，就会用鹿角冲撞周围的栅栏想逃出去。在鹿被栅栏夹住，不能动弹时，用棒子打过去。鹿在遭到棒子打的时候，血液会流入并充满鹿角，此时，迅速切下鹿角，用纸堵住切口，用水煮使之凝固，这就是“斑龙角”，听说是天下顶级的灵药。中国、朝鲜的富人都想弄到手。一根可卖到五十元甚至一百五十元的高价。但这要根据季节。斑龙角是山里珍贵的物产。据说三月左右生出新角，七月十五日前的鹿角才有药效。另外，鹿和人参一样，如果不是生在深山幽谷中是不行的。人参也是长白山珍品之一，一根被卖到七八百元。到了冬天，他们一样打猎——打熊。八月果实红了的时候，就采集人参。猎人详细地介绍了狩猎情况。长白山真是大自然的宝库。能在这山里过过打猎的瘾该多好啊，听说猎人很能赚钱呢。

从这里启程就是上坡路了。雨终于停了。

露水沾湿　黑熊出没

前方根本不知道是否有路，特别是由此要走进埋没半个身子的草丛中。廉向导说："一到八月，这地上的草都是比人头还高，行走极其困难。"这个新向导对山路了如指掌，从这边走近是近，但是路不好走。从那边上道路迂回，但是比较安全等。大家在分不清路的野草间，跟着廉向导扒开野草继续前行。

廉向导率先走在野草丛生的上坡路上，露水打湿全身，跟在后面的几个人衣服也都像吸水纸似的吸满了露水。因此走在最后的我多少好一点，不那么湿了，但是前面四个人放的薯屁都我一个人兜着了，难受极了。讨厌被露水打湿，就得忍受臭屁，有得就有失。沿着草地向上走，四周的树林变成了针叶阔叶混合林，透过树林，看见长白山近了。回头望去，雨已经停了。白云冉冉升上山坡，景致不错。看到熊蹭后背留下很多毛的树干，还发现了冒热气的熊粪，附近一定有熊！急性子的韩先生端起枪筒。在草地上留下十字脚印的也是熊吧。这时又发现一片被压倒的草地，越发证明我们已经踏入了熊的世界。我们有点发怵地向前走着。

突然，一只大熊从岩石后跳出来，像人一样站在那里。一行人被吓得异口同声哇哇大叫，端着枪的，摔倒的，都是胆小鬼。结果熊撒腿就跑没影了，我们连放枪的工夫都没有。以前一直以为熊是很可怕的动物，一定会扑到人身上来的，实际上熊一看到人就逃了。

我从长白山鸭绿江西岸到中国境内体验的结果是，从头道沟到十五道沟至二十二道沟，老虎最多；从十九道沟到二十二道沟六七里的水源地之间，鹿和獐比较多；而长白山下一二里之间，全是熊的住地。从今天开始将踏入熊的天地。

长白山麓风光　发现温泉小屋

我们登上了遇见大熊的天关岭，这山岭背后就是长白山麓，森林树种在此骤然一变，今天经过的八里森林是针叶柏树，而从这个山顶开始整个后山都变成了阔叶桦树。林子显得太寂寞，几乎没有常绿树，草地和桦树林相互交错。

站在天关岭上望长白山，山麓高低起伏，两三个山冈丘陵重叠成为山基，渐渐山峰突起，数一数直冲云霄的山峰好像有五座。绿色从山上呈扇形扩展到山脚。片片残雪好像随手摘下的棉花，在夕阳照耀下，银光闪闪，令人眼花缭乱。

东边山脚下挂着一条瀑布，瀑布下面冻成了冰溜子，宛如一条银龙。七月银龙刚刚开始融化，滴水声回响在山谷间，好像私语。这是从南面看到的长白山景象。

下了山，是一片平地，地面被各色苔藓覆盖，从苔藓缝隙中冒出来像菊花似的紫花开满原野，香气扑鼻，美极了。有些地方草被掀开，露出了土，问向导是怎么回事，回答说是野猪用嘴拱的。一直向西走，夕阳挂在桦树林上。不知名的红头山鸟“咕咕”地叫着，暮色由远逼近。“怪禽啼旷野，落日恐行人。”这句诗把此时此刻的情景充分地表现出来了。走了一里多路，发现汤泉沟边上有一个无人住的温泉小屋。

不知道是哪位积德者，在离溪流边温泉两三町的地方盖了两间粗糙的小屋，还搭了炕，准备了堆积如小山一样的木柴，甚至还有一个做饭的小屋。这真是意外的发现。瞧了瞧小屋里面，土炕上没有被褥，只零乱铺着一些树皮。四周墙壁潮湿，阴森昏暗。没有一点儿最近有人住过的迹象，石头砌的锅灶也塌了。檩木上贴着一张纸，上面写道：

昆仑落脉白山旺坐。两国分界。真可谓天下名山也。吉凶祸福总管万物。西流奇异。万病通治之水。名曰汤水又名眼镜水瘢眼自开。真可谓天下造化之水。此幕壬寅造成。十年以来无一年漏落。年年修幕。万人治病。温突幕。以书文。

主事　西大岭　金吕淑
执笔　茂山邑　任敬爀

向导说，这个小屋是七年前清朝测量队建造的，所以纸条上写的“十年以来”就不对了。从这里向西半里左右，叫眼镜水，能治疗眼病是事实。在这无人境地，百花围绕小屋静静地盛开着。

这一带也是非常茂密的森林。附近的树木已有刀斧痕迹，有一棵二尺宽的树，周围的树皮被剥掉，立在那里枯死了。也许是为住宿者准备的薪柴。

准备宿营　温泉享乐

随行人员照旧分工，开始准备饭菜。廉老爷带了一把斧头，所以他开始挥动斧头劈起柴来。淘米的、烧炕的，个个都忙乎着，今年一年都没有听到脚步声的小屋也一时突然热闹起来。从烟筒里冒出缕缕炊烟。山林里传来咚咚的伐木声。韩先生要弄着日本刀，他用日本刀把木柴砍小，又削成筷子；用日本刀切山葱。歇息时突然把日本刀亮在别人面前，吓人一跳。

为了让室内干爽，在土炕上堆上木柴，点上火，烟火烘烤着小屋的室内。房檐下飞出了两三只蝙蝠，不一会儿，一条青蛇从墙缝里蜿蜒而出。看到这些，我们开始感觉住在这里有点不舒服。小屋像蒸笼一样闷热潮湿，烟火都把房间熏出焦味来了，居然一点也没见干。我趁大家做饭空闲时，在还没有被这些朝鲜人弄脏之前，打算第一个泡泡温泉。从小屋向南走两三町，沿着岩石根，来到悬崖边，从陡坡上一下去就是溪流，溪水边涌出温泉，白蒙蒙的水蒸气飘上来，像雾一样笼罩在溪谷间。泉口咕嘟咕嘟喷出成千上万的泡泡，温泉猛烈涌出来。溪水边缘一带吐着热气，脚下的岩石有被烧过似的痕迹，是因为沸腾的热水喷到岩石上造成的。温度高得手放不进去。

从泉口把温泉引下来十间左右，这里有两个在大岩石上凿成的天然浴缸。在入浴者什么时候来都很难发现的岩石浴缸里，蝾螈、青蛙等和树叶一起沉在底部，看上去很吓人，只好叫来随从，把这些东西都弄出来，调整好水温，这才下去泡了澡。泉质无色透明，我放进嘴里尝了尝，是碱性的。

从长白山府出发至今正好十天了，住在农家被跳蚤围剿，住在野地遭受天湿雨淋，身体挨冻受潮。此时把臭汗熏人、污垢满身的自己尽情地泡在温泉里，真是千金难买啊。这些天的疲劳一下子都消失了，只把脑袋露出水面，自享其乐，天已接近黄昏，溪流冲撞着岩石，只见对岸树荫里有一个黑乎乎的影子在移动，天黑了，遇到熊就可怕了。我快速拿起衣服，湿着身子跑回小屋。长白山真是个熊窝啊。

寝床漏雨　悲戚故事

小屋里的苔藓潮湿，看上去很不舒服，在苔藓上铺上毛毯，帐篷当作被子，盖上便睡下了。长着苔藓的木片硌得腰骨酸痛，难以忍受。尽管如此，还是比在外面野营的感觉好一些。随从们笑着提醒我，注意枕在头下面装着麦子的袋子不要惹怒山神。

我把毛毯和帐篷缠在身上，迷迷糊糊睡着了。突然一声霹雳，在黑夜森林里轰轰作响，暴雨骤然而至，打在屋顶上。雨滴从头上嘀嗒嘀嗒落下来。寝床漏雨，这可是不能忍受的事，我们赶紧起来，点上蜡烛，每个人都撑起雨伞。柴火也灭了，天气越来越冷，阴湿袭人。雷声越来越大，雨越下越大，令人难以入睡。廉老爷好像想起了什么，讲起了下面这段故事：

我前年八月来登山的时候，有一个姓李的癞病患者为治病洗温泉住在这儿。他是茂山邑的朝鲜人，脸烂得像个夜叉，手脚弯曲露出了骨头，看着都让人起鸡皮疙瘩。泡了温泉之后，由于温泉热水的刺激，病反而更重了。我在外面洗温泉的时候，他就死在这间小屋子里了。因为是盛夏，不久尸体开始腐烂，头发脱落，臭气熏鼻。我可怜他，就把他的尸体埋在后面山上了。削木块烧成木炭，在上面刻上李某某之墓，立在坟前。然后回家了。

他的妻子崔氏是个美人，惦记丈夫的尸骨，跋山涉水，饮溪露宿，进入这个无人的深山中，终于找到温泉，看见我给他丈夫立的木牌，悲痛欲绝。她挖出尸骨，在溪边洗干净，带回家乡厚葬了丈夫之后，追随丈夫自尽了。后来听说这件事情传到宫廷，宫廷还表彰了她的贞节。村民为她修建了比翼塚。现在前去上香的人也很多。今晚我本想去上面的小屋住，但那个小屋已经塌了一半，不得已带大家来到这里。

不知为什么，我总觉得有点不舒坦。那个病人躺过的地方就是那个西角，他指了指我躺着的地方，听得我毛骨悚然，但也为长白山中发生如此浪漫悲戚的爱情故事而感到高兴。大家都皱着眉，责备廉老爷讲这些无聊的事情。谁也睡不着了，就坐着等到天亮。天亮时雨停了，成群蚋虫像雾一样袭来，咬得人痒得难受。奉劝之后来探险的人不要住在这个溪边的小屋，要住在上面的小屋里，即使上面的小屋坏了。

攀登长白山　山麓色彩

夜里开始下的雨虽然停了，但是天上的云看上去很浓重。据说这满洲的雨期一过，就是晴朗的天气，但没有耐心等待那么遥远的事了，我决心今天就爬长白山。也不得不下决心，要管一个顶仨的四个人吃饭，不早日结束长白山探险，囊中的粮食也要吃光了，到时候不就变成长白山的木乃伊了吗？那可不得了。

如果有住宿的地方，我也愿意边泡温泉边慢慢等上一个星期。经过鸭绿江畔二百里的长途艰难跋涉，今天终于到了这里，毕竟长白山顶是最终目的地。四月二十二日从河口出发，今天已是七月七日，是达到山顶，实现最终目标的好日子。我首先泡入温泉，洁净身心。随行的各位今天也没抽嗜好的烟草，并在凉得像刀割一样的溪流里斋戒净身。就连粗暴的韩先生，今天也像换了一个人，给太阳恭恭敬敬地行礼祈祷，样子很滑稽。

午饭做了疙瘩汤面，然后带上护身用的手枪和照相机、测量器等，别的东西都放到小屋里，轻装开始登山。因为是无人之地，所以贵重的东西放在那里也不用担心被偷盗。

长白山屹立于北纬四十一度，东经一百二十八度的位置，是一座死火山，称海拔一万尺，其实是八千二百尺，仍不失为满洲第一峰。只不过我是从鸭绿江畔缓坡一点点上来的，所以这山脚下已是一个有三千尺高的基台。“到此感觉比听说的低……”这句话同样可以形容长白山。可是四季披挂白雪、雄伟壮丽，说明长白山是天下的一座灵山。

我们决定从南面山麓沿石坡登山。向导廉老爷穿上厚厚的棉衣登山，因为他了解高山的气候。登长白山是完全没有路的，从哪个方向都是在摸索，就像在海上，虽没有路但明白道路的方向。向导定好方向，时而回头看看我们。

有着十字脚印的草地是熊走过的道路，草丛中还有熊躺卧过的痕迹，赫然在目，扒开草向前走，过了一个树林又来到一片原野，就这样，桦树林和草地相互交替。刚才草地上的草叫作“薄塞”，听说牛吃了这种草会马上死掉，是一种如马兰花叶子般厚的草，大约占了草原百分之七十的面积。向前走，发现因为冰雹和霜冻，刚长出来的嫩草叶大部分都枯萎了。其寒冷程度可想而知。

这么冷的地方，草木还能生长出来，随着高度的增加，高山植物漫山遍野，白色石楠花长出了两三寸枝干，黄白花开了一片；一种枝条短而细的树木结出了圆圆的紫色铃铛似的果子，点缀在石楠花中间。高山植物的特点是长得比较矮，都是珍奇物种。铺满奇花异草的地面上，覆盖着各色美丽的苔藓，不见寸土。其他不知名的黄、绿、红、斑点等各色花卉一起盛开，春夏仿佛交织在一起。白色的水菖蒲、紫罗兰都是非常罕见的。长白山麓像铺着一块染着各色图案的地毯。

如果我是植物学家，一定会非常有兴趣采集这些标本。从前，有个美国人从茂山附近进入长白山，在此无人境地捕猎禽兽，给美国博物馆提供标本。可日本的植物学者、动物学者，没有一个人曾进入此山，希望能安排这样有意义的活动。从山麓登了大约二合目，没有一点儿树木了，只有一些矮小的花草覆盖着苔藓，形成了一个缓坡地带。

残雪皑皑 白石磊磊

从百花幽香的长白山脚下爬到三合目时，山间的残雪开始融化，伴着风的声音淙淙流下，时而有两三町的路程像踩着冰往上爬一样。脚像冻掉了似的。渐渐走得口干舌燥，于是我们用日本刀挖一块雪，几个人就啃雪解渴。

雪融化的地方草还没有发芽，有的地方也刚刚长出芽。向上攀登，花草虽小，却穿着绿装，吐着芬芳。到了七合目附近，才能看到各种各样的花草。踏着白雪，在没有路的平缓山坡上向山顶爬去。到达半山腰时，千年火山灰从山顶倾泻而下，山势极其险峻。其火山灰是风化的轻石，小如豆粒，大似拳头，到处都是，脚踏上去便沙沙作响，向下滑落。脚尖向上登时，像掉进蚂蚁洞里的虫子一样，进一寸退一尺，行进缓慢，而且脚累得厉害。在平坦的路上能走一百里的朝鲜的船形鞋，现在还没有到达山顶，就已经磨破底了。可想而知，步履多么艰难。

这里的火山灰浮石，被雨淋湿就呈淡白色，干燥后呈白云一样的白色。据说长白山就是由白色浮石而得名，也有流传是因为四季被雪覆盖而得名的。有书记载：“冬夏雪积，树木不生。雪凝石洁白一色。故名长白。”

上午十一点，已经登到了一半多。看了一下温度计是五十一华氏度，即十摄氏度。从早上一直围在身边的蚊子大军，因为风和冷空气开始撤退了。离开长白府已经十一天，总算从蚊子大军中解脱出来，我觉得好像卸掉了一个大包袱一样。

绝顶霹雳　向导昏倒

腿渐渐累得不行。风嗖嗖地从耳边掠过。到达七合目时，黑云从四面升起，眼看着身体被裹在云中，真可谓驾雾腾云了。渐渐乌云密布，相隔一间远就看不清人影。突然从头顶上传来阵阵灌耳迅雷，几乎没有间断。山风挟着黑云扑面而来，但眼前连个可以藏身的洞穴都没有。大家鼓起勇气，冒着雨，长吁短叹，终于爬上了山顶。雨越下越大，雷声轰鸣，而且在八千尺的绝顶，雷声就响起在身边，打开铁杆伞，罩在头顶上，能遮一点儿雨，但可能会成为雷的牺牲品。进退维谷之际，反而变得异常大胆。在雨雾朦胧中，大体观望了一下山顶湖泊和周围的峰峦。那一刹那，被大自然所震撼，眼前是庄严雄伟的风光。四个随从放下雨伞，跪在地上，向天池拜了三拜。

倾盆大雨越下越猛，雷像山裂一样震耳。新向导廉老爷担心是老天发怒了，害怕得痉挛起来，捂着肚子喊道："肚子疼!"一下子昏厥过去。呀！这可不得了了。懂医术的韩翻译立即用膝盖使劲戳了三四下他的脊背，并在肚子上盖上毛毯，取下自己的皮带，一圈一圈紧紧勒住他的肚子。

这方法还真见效，疼痛缓和，病人稳定下来。可是大家在雨中救人，个个都淋得像落汤鸡似的，浑身上下都湿透了。雷雨异常猛烈，随行者都认为是山神作祟，所以心惊胆战，急迫地想下山。我先跟大家一起下到了半山腰，此时黑云锁住四周，途中连东西都看不清。

路途艰难 再次登山

从山脚下的温泉到山顶约三里半，花了四个半小时。中国的书中写道：“自麓至岭三十六里，面积三千六百方里。”按中国的计算单位也许如此。总之，要登上山，如前面写的那样，是没有路的，只能摸索着靠感觉奔向山顶，说险峻真险峻。东方有名的山我差不多都登过，以我的经验，没有比攀登长白山更艰难的。登长白山难，是难在到达山脚下的路上。所以说到达山脚下时，就已经体验了登山的辛苦。

总之，从西边吉林也好，东边茂山也好，吉城也好，南边安东也好，到达登山起点都要三四十、五六十里，或者二百多里的路途。其间多是无人之地，无路之境，时而要经过山贼横行之地，时而要连日野营露宿。进入长白山前至少要准备两个星期的食物。不仅如此，冬雪融化、缓和的七月是最好的登山季节，但恰逢这个地区进入多雨季节，每天打雷下雨，野草没人，蚊子、蚋虫之害难以忍受。我从南边之路，长途跋涉二百余里，今天终于完成了登山目的。可是长白探险的价值不仅仅在于登山，而在于了解途中的长白山脉，既然登山，只有登上山顶才心满意足。

被猛烈的雷雨吓得退到半山腰的一行人，因为雷声小了，雨也弱了，就蹲在伞下面，用五根手指吃了午饭。没有火，没有热水，被雨淋得透湿的身子瑟瑟发抖，冻得嘴唇发紫。山上的天气变化万千，忽然雷雨收兵，云开雾散，太阳又当空高照。于是，我建议大家再次登山。廉老爷害怕刚才遭到的惩罚，讲了下面这样一件事情。

没有一个人用自己的身体，在青天白日之下平安登上长白山的。十六年以前，有两个长毛中国人来此，牵着马登到了半山腰，可是晴天霹雳，下起大暴雨，不得已下了山，在山下野营七天，到底没有等到晴天。一天，他们登上山把折叠船打开，浮在湖面上，要测量湖水。湖水沸腾掀起波浪，把船掀翻。长毛中国人好不容易爬上岸，下山一看，两匹马踪影皆无。归途住宿吉林乡下的旅馆时，行李被抢劫一空。好不容易活命回去。

我在吉林听说过，长毛中国人骑马来，吃肉什么的，触犯了山神，一定是遭到了惩罚。

大家认真地谈论着。我觉得也许是俄罗斯探险家吧。向导又说："重新登山，一定还会下雨的。"我没吃素，又带着手枪，同行人心里都认为我是危险人物，惹怒了山神。

我是不会听那些胡言乱语的，要是介意这帮没有头脑的家伙的话，是不可能达到探险目的的，我想今天在这儿让他们回去，在粮食还没有吃尽用光之际，背着帐篷一个人继续长白山探险。韩翻译说我到哪里他陪同到哪里，于是第二次登山加上了他。与其他三人告别后，我和韩翻译两个人鼓起勇气和信心，又开始登山。我们觉得迂回攀登太耽误时间，就手脚并用，像猴子似的沿陡坡向上爬，一路上非常顺利。韩翻译是个急性子，没站稳，一下子顺着轻石砂粒滑下去二十间左右，衣服被蹭破了一个大洞。心急还是吃不了热豆腐。长白山的砾石让登山者感到步履艰难。

俯瞰山下，下山的三个黑色的人影在白雪上移动，比豆子还小。此景看上去好像淡淡的梦境。我放了一枪，大声喊了一声"喂——"但是他们已经走远，人声枪声都听不到了。

绝巅灵湖　四周奇峰

我们再次登上山顶，站在八千尺顶峰，俯视清澈的灵湖，仰望湖边的嵯峨山峰。碧空晴朗，万里无云，天空像琉璃一样澄清，连一丝风都没有。是不是山神水伯也感应到千里来客东瀛友人的诚意，为他驱逐了雷霆风雨呢？这山和水像一幅油画一样展现在我们眼前。

从南面石坡向山顶攀登，以我的立脚点为准，左侧险峰好像是用黑砖乱七八糟堆积起来的，呈累卵之危，眼看着就要崩塌陷落似的。此峰最奇，“哗啦哗啦”自然滚落下去的石头在寂寞的空谷中产生回响，让人怀疑是天狗在吠。这座山峰形如帽子，因此被称为冠冕峰。

由此以西的群峰，有山势狰狞的卧虎峰、刀削剑斩的梯云峰、危塔穹阁的玉柱峰、风气苍古的白云峰、貌似蘑菇的芝盘峰、断壁相连的锦屏峰、玲珑削峭的观日峰、奔蛟腾虬的龙门峰。

龙门峰正北与飞岩轩昂的天豁峰对峙，两峰缺口处，湖水流出成为乘槎河，即二道白河的源头，蜿蜒渺漫，一直流入松花江，那是此湖唯一的流出口。

由此向东，邻接天豁峰的是铁臂峰，像个黑不溜秋的罗汉站在那里。好似丹赭色头盔的华盖峰，在群峰中大放异彩。与此并列的是烟云缭绕的紫霞峰、磅礴高耸云天的鸡冠岩、大鹏飞舞般的孤隼峰。

与此峰相邻的三奇峰诡谲多端，峰顶有天然巨窟，简直可称为魑魅魍魉之家。位于其次的是伏龙岗，绕湖水一周最后是白头峰，与最先提到的冠冕峰相对。白头峰完全是神凿鬼削之作，妙极了，如虫镂、如剑戟，没有词语能形容。

这些石嶂岩峰陡峭嵯峨，屹立在湖水四周。挺拔俊秀的山峰云影倒映在明澈如镜的湖面上，交相辉映，美不胜收。如果能把群峰拍摄下来，把照片呈现在诸位面前，那该是何等奇观啊。以我的笔力，连万分之一都表达不出，真是遗憾。

被奇峰环抱的湖水平均不足三百尺，南北三十五丁，东西十五丁，周围湖岸曲折延伸，有五里之长。

湖面深幽清澈，好像被熨烫过一样，没有一丝涟漪。白色冰块远近漂浮，或长或圆，远看如白鸥，近看如白石座儿，在碧蓝的湖水中闪着银光，色彩缤纷，美不胜收。中国的《长白三河考略》中记载：“长白山中有天池，呈圆形，周围约七十五里，池水深碧，昼夜涌出，轰隆作响，当地人叫龙潭，波纹五色，清洁无尘，冬不结冰，夏不生萍，七日一潮，宛如大海呼吸，因此称之为海眼。”

这些词句感觉像是吹牛，但是好好玩味一下，觉得并不是那样。这湖水当年是火山口，渐渐被雨雪填埋，成为天池。所以，当时湖底有一脉温泉涌出，与池水混合，保持温度，冬天也不会结冰。现在长白山脉南支干山山脉下的汤岗子有一丁左右的宽大池沼，即使严冬时也不会结冰。看到这个就会明白所谓的“七日一潮”，大概是说当时每到第七天，湖底的间歇泉就猛烈地喷涌，水量增加。有轰鸣声，夏不生萍，也是事实。侧耳倾听，很奇怪总是能听到异样的声音。我描绘着各种画面，出神地望着圣湖风光。

峰顶题诗　山上眺望

我站在长白山最高峰——白头峰顶。擦去山顶石头上的灰土，拿出砚台，题诗两首：

太伯撑天高万寻，壮游此日试登临。
龙乘寒雾蛰潭窟，地闭奇芬生药参。
仍见罴熊栖树底，曾闻英杰出山阴。
讨探灵境几人在，绝顶振衣一浩吟。

登临意气若鹏骞，猛虎成行草有痕。
六月积水封地白，千年乔木刺云昏。
穆碑分见两邦境，龙沼流成三水源。
长控辽东为巨镇，巍然天柱擎中原。

写完之后，面对庄严、魁伟、无法用语言形容的湖光山色，怅然若失，震撼心魄。痛快之余，想放声恸哭。我对着遥望无际的长风大声咆哮。

这长白山与其他山岳不同，不能站在一个山顶上把四周风景一览无余。屹立在湖水周围的群峰奇形怪状，数不清的山峰重叠，无法指出哪座山峰是山顶。登上南峰，北峰遮住了视线；登上西峰，东峰成了障碍，所以不能一下子眺望四周风景。

我努力睁大眼睛眺望西南方，肉眼可及之处，望远镜可望之极，森林呈暗黑色，显露出一块块绿色的地方，这便是草原。草原面积与森林面积相比，极其狭小。而且几乎看不到土地。放眼望去，相隔一二十里，也有一些几户人家的小村，但是仅有的一点耕地和人烟被森林遮盖，根本无法映入眼帘。所望之处，都是无人境地、虎狼之窟和郁郁葱葱的森林。由西北向南的长白山脉从西大岭向西转至金厂的山脉，蜿蜒连绵九十里。好像与我争高低的红头山等山峰高耸入云，千山万岭。只见一条河流如一条银线，一泓湖沼如一块明镜，交相辉映、独具特色。鸭绿江和松花江并非在眼界不及之处，也不是不够大，而是隐藏在山林中看不见。

向南四十里延伸到朝鲜的长白山脉有丘顶、建仓、南雪诸峰。茂密森林的黑影与天际相连，东北绵延到老岭有一百里森林带。可是随着从东方向北方倾斜，可见山岳，不见茂密森林。红山、土山、小白山等峰峦映入眼帘，景色略显荒凉。北方完全是火山灰，只是西北方看得见锅杭山。老爷岭山脉在沙漠彼岸若显若无，缥缈不定。

东北方的景色荒凉，白沙、荒漠寒烟弥漫，充满凄凉之感。没有花草，仅有一点苔藓的沙地显示着东北方山麓的光景。

站在一万尺的绝顶上，可以俯瞰百里无人的森林旷野。山中百里间居住着朝鲜人、中国人，有的地方不属于任何一国政府管辖。自古以来，这座山里英雄辈出。我凝视一方天空，激昂地抬起头。

湖边的神秘　莫名的叫声

脑海中回想着长白山的历史，俯仰感叹良久。然后我与韩翻译两个人从冠冕峰和白头峰中间徐徐爬下，下到三百尺深的湖边。脚下火山灰的砾石沙沙作响，有时突然哗啦哗啦地崩塌下坠。这个陡坡悬崖每踩上一脚，砾石就像流水一样下落，险上加险。不特别注意的话，身体就会跟砾石一起滚下去，如果从悬崖绝壁翻个筋斗，定会成为幽谷之鬼。没有被谁拜托而来到这浮云之地，问自己到底为了什么？是不是在开玩笑？可这哪是开玩笑的时候啊，两个人都冻得脸色铁青了。

因为脚尖要深深插入浮石往湖边下滑，而埋在浮石里的大石块有时叽里咕噜滚下去，非常危险。下这个山坡真比登山还难。下到中途时，残雪开始融化，耳边听到山间飕飕风声。遇到大岩石凸出来的地方，没办法下，只能一步一步小心翼翼地往下蹭。

这个湖像一个碗那样凹下去，盛满了晶莹清澈的湖水。在湖水衬托下，周围石峰显得更高，看上去都如刀剑一样，有的也像马头牛头似的。熏成黑红色的山就像地狱一样，没有花，没有草，也没有树。只有山间的一条条银白的雪带。碧蓝的湖水上漂浮着洁白的冰块，感觉很有诗意。而且湖水湛蓝，我像被山水之神捉住了似的，恍恍惚惚像石佛一样呆立在湖边。

天空没有鸟的踪影，地上没有动物的踪迹，湖水像镜子一样没有一丝涟漪。想到天地之间只有我们两人，一种沧桑感涌上心头，正在这时，一只鸢鸟突然掠过湖面，燕子向山上高高地飞去。在如此寂静之地，一种奇怪的声音时时传入耳边，到底是什么声音？集中精力注意听，也分辨不清这声音的出处。轰——轰——隆，时缓时急，时远时近，这就是所谓的天狗的叫声吧？《长白三河考略》中有句“昼夜出云轰隆有声”，是否正如我现在实际所感受到的？

驾天风一气下山　小屋中的风流

太阳西斜。我们结束山上之行，驾风飘至七合目，远远发现山下青烟袅袅。拿出望远镜一看，先下山的三个随从正生起旺火在等我们呢。我开了一枪，试着向他们传去下山的信号，他们同样开了一枪回应我们。那声音小小的。到了山下，随从个个向我们祝贺平安无事。大家一起匆匆返回原路。在路上有只熊突然跳出来，我们早已习惯了猛兽，已经不再惊慌。反倒是对方感到吃惊。天微暗时，我们回到温泉小屋，今夜又成了这个小屋的主人。

蜡烛因昨晚漏雨被软化了，我在烛光下写着今天的日记，当过教员的韩向导作了首诗给我看。

白头山吟

白头山色长在白，白发仙人心自白。
白岛飞来万仞白，白云净上千年白。
白沙鸟宿鸟翎白，白泽鱼游鱼鳞白。
白石纷飞路浑白，白衣寒士衣生白。

“白”字并列押韵得很好，让我惊叹。我也装腔作势地回了一首。

白头山吟

白头山高积雪白，白雪痕与秀峰白。
白火当年喷天白，白烟已熄犹残白。
白石敷地鞋底白，白云掠衣杖痕白。
白月沉璧潭印白，白花散香崖留白。
白衣人映山砂白，白日心拜狱神白。
白雨跳珠浪花白，白龙成风云气白。
白白映白白弥白，白头山白名长白。

三更时篝火已灭，铺下苔草潮湿，深山夜晚的寒气从小屋缝隙中钻进来，吹遍全身。

与温泉神告别　蚊虻之害

夜里因为寒冷，我没有睡好，今天是七月八日。可早上的气温只有四十三华氏度（六摄氏度）。随行的先生们横卧在草上、树皮上，还在酣睡。木头枕头上的脑袋有时候说着嘟嘟囔囔的梦话。

我趁机一跃而起，悄悄地独自去泡了温泉。今天好像很晴朗，阴历二十三日的夜晚，淡淡的残月挂在树梢。寂静的深山中，泡在温泉里，眺望这拂晓景色，心情格外爽快。感觉好像把浮世之尘从里到外都彻底洗干净了。这长白山下的溪流崖壁不是更有诗意吗？我舒舒服服地泡了近一个小时的温泉后，向这里的温泉神告别。把随从们叫起来开始做饭。他们早上不刷牙，也不洗脸。屁股就用木棍儿揩。用手擤完鼻涕照样做饭。在这里住了三天，竟一次温泉也不进，真是珍惜身上的污垢啊。

三天来，这个小屋为我们遮挡风雨，向它告别时，想到以后也许永远都不会踏入这里，我不禁感到恋恋不舍。准备好一切，离开这里时是早上八点。

越来越接近鸭绿江的水源，我开始寻找国界石碑。长白山探险现在只是登上了顶峰，还不算完。耀眼的朝阳从树间照射下来，幽婉的鸟鸣悦耳动听。我们从长白山东麓启程。蚋虫蚊虻飞绕，甚至侵入耳朵、眼睛和嘴里。昨天登山的时候，从七合目以上开始没有蚊虻了，就把轰赶遮挡蚊虻的工具、蒙脸网、围在脖子上的手巾忘在了山上。所以今天几乎是没有任何防御措施，只是用树枝不断地轰赶。手一刻也无法停下来。我再三重复，此次探险最令人头疼的就是蚊虻之害。

向导着急返回　虎额山顶大观

到了该返回的岔路口，一位向导开始叨咕："剩下的粮食不多了，多一个人吃饭就越来越不够，我还是先回去吧。"另一个向导也开始找借口说："我家有事，不能在外时间太长，我就到此告辞了。"他们想什么呢？我们没有向导不就寸步难行吗？

韩翻译大喝一声，扯开嗓子像恶魔一样嚷道："你们还是爷们吗？即使一起吃草，也不能走，谁要是想走可别怪我一刀两断！"他拔出日本刀在他们面前晃悠两下，他们害怕得连说无论到哪里都同行，样子很滑稽。

五个人的草帽照旧在草原上移动。越过一座山，草高过草帽。草地上熊压住草的痕迹，我们也习以为常了。眼前出现一条从山崖上顺着白冰滑落下来的瀑布，水从南向西流。起初我们都以为这就是鸭绿江源头，但向导告诉我们这是松花江源头。鸭绿江水源处还要向东走一里半左右。正好是上午十点，从早上到现在，我们已经行走了二里。天空渐渐生出白云，是令人感到不安的云彩。

这边山麓都是桦树，连一棵其他杂树都没有。望着前边山崖，看见几个岩洞，这就是虎熊之窟吧。向上爬到长白山的东南麓，俗称虎额山，山上的白雪越来越多。以前看到的一块块雪痕，现在呈现出白皑皑的景色。尽管如此，毕竟是高山的春季，樱草、杜鹃花在雪融化了的地方可怜地开着。南边时而传来雷声，但不至于把雨送到这里。不知名的黄花铺满一地，占据了整个山巅。在这里我们大口大口地嚼着带来的面饼，除了盐以外，已经什么菜都没有了。

放眼望去，小白头山近在眼前。遥望东方，看不清是云是峰的地方大概就是朝鲜的甑山。南边树林一望无际，渺渺的远方升起几条白烟，大概是胞胎山附近的村落。山上的树木越来越小，东北面是清一色的桦树，常绿树不见了，我觉得很奇怪。但西南面是桦树、云杉、冷杉的混合树林。当时正是中午十二点。

猎熊　一步跨过鸭绿江

下了虎额山，穿梭在桦树林间向北行进。小溪潺潺东流，经十四道沟，注入鸭绿江主流的支流。

那位大学生金随从在茫茫草丛中发现了一群熊，小声通知了大家。大家偷偷从岩石后边看去，在小溪对岸，一只母熊带着四头小熊来饮水，大小熊们一副"长白山就是我们家园"的悠闲自在的样子，毫无戒备地在溪边玩耍着。看到在山深溪清的大自然中母子和睦憩息玩耍的情景，我无论如何不忍心开枪。

这机会正中韩翻译下怀，他握着手枪迅速接近了熊群。身体从岩石后面一跃而起，距熊群不过十四五间距离。自古以来都说母虎之勇，所有的动物为保护孩子都会变得更凶猛，所以我提醒他要防止万一。但是这个蛮勇的家伙竟然移到离熊不到十间的距离，轰然一枪，一头小熊仰面四肢朝天倒下。糟了！只见他又朝母熊开了一枪。对熊群来说这真是晴天霹雳，它们惊恐万分。母熊大概躲过了子弹，放弃被打倒的小熊，带着剩下的三头小熊转眼逃到林间不见了。

我们见此情景，从岩石后面跑出来，韩翻译早已到了小熊旁边，扑哧一刀下去开始剥皮了。夏天的熊皮不值钱，我们只取了一块肉作为晚餐。把肉用树叶子包上，血淋淋的草包让金同学用伞担着。哎呀！忘记把熊胆取出来了，不懂解剖的先生们乱挖一气，熊胆被弄得乱七八糟了。那么今晚就享用中国菜中最珍贵的熊掌吧，说着砍下一条腿，让韩翻译拎着。一路上大家一边热烈谈着打熊的经过，一边向鸭绿江水源匆匆赶去。

从捕熊的地方走了半里左右，开始向东北行进。这次才真正见到了鸭绿江主流。地图显示鸭绿江中国一侧的支流是从帽儿山经二十四道沟向四面分流。可是实际上二十四道沟就是鸭绿江的源流，鸭绿江是从二十三道沟上游六十清里，即双岔口开始的。所以，由此往上至源头被命名为二十四道沟。

现在我叙述一下这个源头的状态。此山脚下的溪流，原来是火山喷发时，山体部位自然向两岸分裂陷落，形成沟渠，所以两侧山岸巍然耸立，其间溪流哗啦哗啦地流淌。首先要渡过鸭绿江，其水宽二尺，跨过去一步就是朝鲜，没想到滔滔江水现在竟这么狭窄。河水全都是雪融水，含有很多火山灰，呈乳白色，无法饮用。

绕隔溪流分两邦，清风岭下玉琮琮。
谁知一派潺溪水，注入汪洋鸭绿江。

如果认为这里就是水源，那就错了。到溪流源头还要走大约二里。没有一点路的痕迹，只好沿着溪流向上走。联溪十步一曲，沿着弯曲的小溪前行，迂回绕到很远。向上走了五六町，那里有一个破旧小屋的残垣断壁，大概是探险家露营留下的痕迹吧。在密林中穿梭了半里左右，到了一小片桦树、云杉等针阔叶混合林。溪流中有几处凸起的奇岩，还有一处瀑布。接近悬崖处，是个很难通过的地方，小溪的风景也变化莫测。我们趁天没黑急忙赶路，哪还有心思品味诗意？这些天只有今天最热，气温上升到七十五华氏度（二十四摄氏度）。在长白山的探险过程中，我第一次出汗了。

燎原之火壮观　埋在灰土中的枯树

走过这片森林，眼前出现一片广阔原野。原野被苔藓覆盖，寸土不见，而且已经彻底干枯。我们在此休息片刻，想眺望四周风景。但蚋虫成群缠身，使人坐立不安。于是我们在苔藓上点火，来熏走蚋虫蚊虻，这火势太大了，只见火焰熊熊燃烧，烟雾升腾。蚋虫蚊虻一哄而散。可是大火也一发不可收拾，眼看着向远处烧去，不知道烧到哪里才能停下来。转眼变成一二里长的大火，呈现一片壮观奇景。

东南方一望无际的广阔原野，被白色苔藓覆盖，仿佛与天际相连。从长白山东南部直到眼前的山脚下，像用簸箕簸出来的铺满白沙或黄沙似的山，苔藓覆盖的原野延续不断，借助望远镜才看得见遥远的峰峦叠嶂。真不愧是大陆的死火山，规模之大，简直无法想象。

屹立在东方的小白山从这个地方观望其峰姿最奇美。长白山从西边观望很奇妙，小白山看上去就像在眼前一样，其实有三里多远呢。这也是一个过去曾喷过火的火山，整个山脉呈白色，左侧山峰不大，看上去与日本的富士山丝毫不差。这个山峰真应该命名为“长白富士”。我的出生地福岛县有个小富士，也许有人看过满洲的“安东富士”“大连富士”等类似富士山的山峰，但是迄今为止，没有比它更酷似日本富士山的了。

可是怎么向上走也没找到源头。随行者开始厌烦，甚至有人想要回去。我换下他们身上的行李，连哄带骗，又向上走了一段。发现一个四五丈深的山谷。谷地南侧白色沙崖倾斜滑下，松杉类的枯树立在其间，树干只剩下中间的死心，小的直径三四寸，大的六七寸，足有几百棵从火山灰中伸出头，默默挺立在那里。想象得出，当年这一带也曾经是一大森林，因为火山爆发，整个森林被埋葬在百尺泥沙之下，而富含树脂的松杉类的心部残留至今。

但那火山究竟在多少年以前喷发的？无论怎么查找，也没有任何记录。想来大概是在没有人烟的时代，只是惊动了禽兽世界。不管火山爆发多么激烈，也没有影响到遥远的人类吧？

鸭绿江水源口　理想野营地

越过这个山谷，踏上一片残雪，嗓子干了，就抓起一把雪塞进嘴里继续行走，这条溪流突然分成左右两个大小相同的沟渠，水量也差不多，分不清哪头是真的水源。可是观察自然的溪流状态，明白了右侧一支是真水源。又向上走了不到半里路，沟渠溪水全被雪覆盖封住，细细溪流从下面涓涓流出，这里才真是鸭绿江源头。中国地理书上写有长白天地洑流。可是源穷水不穷，不知道其泉脉来自何处，但应该是山上龙潭的洑流。

从此处向上是延续的河洼地，清风岭上应该有国境石碑，但时已黄昏，寻找石碑只好到明天，要快点准备野营。彻底查明鸭绿江水源的人一定也有吧？但是从鸭绿江口一步一步逆流而上二百余里，寻到源头的究竟能有几人呢？探寻鸭绿江源头的这一目的今天终于实现了。此江源起于长白山东麓，向南淙淙流淌八十里，流下帽儿山，由此转向西南，经过一百二十里，流到汪洋龙岩浦头，而后注入大海。

我们往回走一里路进入森林，开始准备野营。每天都有雷雨，只有今天玄冥施霖的符咒好像出了问题，听得到远处的雷声，但是没有下雨。安顿好之后，长白山北侧涌起一片黑云，伴着雷鸣，雨点啪哒啪哒地落下来。大家赶紧钻进搭好的帐篷里，蜷缩着身子，像蚕蛹蜷在茧里一样。不一会儿，雨就停了。于是决定今夜就以蓝天为帐篷，以大地为绿席，在长白山悠悠过一夜。

山里的事问樵夫才是捷径。向导廉老爷有六次登长白山的经验，要露营首先选择茂密的云杉荫下，在树下生起火，烘干地面，折下叶子比较多的树枝铺在上面作为褥垫。茂密的杉树屋顶连雨都漏不下来。

不过前面山上白雪皑皑，夜晚温度会下降到四十华氏度（不到五摄氏度）吧。要为此想点办法，于是开始准备大规模的围炉兼灯火。野外经验丰富的廉老爷手挥斧头，砍倒了十几棵直径五六寸到一尺粗的枯木。把它们截成两间长短，大家一起搬运过来，堆成一堆，放在离宿营地点两间的前方，堆成小山似的。这些柴木让牛背的话，十头牛也背不完吧。我们从中间和左右两端同时点上了火。

火势越来越猛，最后熏得林木发黑，热得大家向后退。一整夜不停地流汗，没有一点野营的感觉。这柴火能用于取暖和照明，还能防止野兽，一举三得。因为过于暖和，引来了一些蚊子，算是美中不足吧。半夜从梦中醒来，火势不减，一直暖和到天亮，还存有热乎乎的余烬。韩向导一边烤火一边作了一首绝句，摇醒了梦中的我。真是一个有意思的向导啊。

措木为床巢父家，青烟满谷杂清霞。
凉风到此自惊梦，半夜松间半月斜。

青烟袅袅飘空际，残月淡淡挂松间，比画还美的景色。这是长白山的拂晓。我也即兴作了一首：

万里山河是我家，幕天席地卧烟霞。
梦醒灏气透吟骨，林杪一痕残月斜。

抚摸穆克登碑　碑文由来

时值七月九日。今天就要去寻找穆克登碑了，只要找到它，长白山探险的最终目的就达到了。

振作精神，返回昨天到过的地点，即从鸭绿江水源沿大旱河登上西南清风岭，踏着苔藓在荒野中寻找，可是怎么也找不到。我们继续寻找边境石碑，找了两个小时，终于发现一个石碑。但是这著名的边境石碑也太寒酸了，因为是清朝明君康熙帝建的碑，我不觉充满了怀古之情。

康熙帝就是组织编写著名《康熙字典》，对文字编撰做出巨大贡献的人。他于康熙二十八年（1689）奖励移居边境，加强边防，并派穆克登于康熙五十一年（1712）五月十一日，在清风岭上立了石碑，距今已经有二百多年。在中国这个碑被称作“穆石”。

石碑的位置在长白山顶湖心东南一里处。左侧是三奇峰，正对着伏龙岗。右侧与黑石沟相隔，正对富春阜。高二尺九寸，宽一尺八寸，厚五寸。碑文的碑头横书为“大清”，竖书碑文如下：

乌喇总管穆克登奉
旨查边至此审视西为鸭绿东
为土门故于分水岭上勒
石为记
康熙五十一年五月十五日
笔帖式苏尔昌通官二哥
朝鲜军官李义复赵台相
左使官许梁朴道常
通官金应宪金庆门①

经历二百多年风吹雨打的岁月，碑文的每个文字依然清晰可见。哎……国破

① 意思为：乌喇总管穆克登奉旨查边至此，审视西为鸭绿（鸭绿江），东为土门（图们江），故于分水岭上勒石为记。康熙五十一年（1712）五月十五日。笔帖式苏尔昌、通官二哥，朝鲜军官李义复、赵台相，左使官许梁、朴道常，通官金应宪、金庆门。

山河在。山依然如故，石碑定界国境，但现在清朝灭亡，朝鲜被合并。这座石碑应该是划分日本与中国的国境标志。我扫去碑上的绿苔，题诗一首：

有客东来感盛衰，皇风万里洽边陲。
何人他日追我迹，一剑遥寻国界碑。

题诗一首后，拿出事先准备好的纸压在碑面上，用随身携带的墨拓了一幅碑文。这是长白山最好的礼物。可是回国后，还是被某位友人夺走了。

真假国界　朝鲜人的作证问题

首先，这个边境石碑确实如碑文所述，是由清朝和朝鲜两国的政府立的吗？我对此有很多疑问。如果是在两国政府立碑的话，为什么石碑鳌头恣意刻着“大清”两个大字，并傲然称为“穆石”呢？从这点来看，应该是清朝官员擅自勒石为记。根据国家的强弱自然如此。

其次，以此石碑为起点，至东北方图们江之间，相距二十五六间或者三十四五间，每隔十八九间打一个石桩子，还有明显的土堆标志。看其方向，是从石碑向图们江连续布置的标识，这一定是为了与石碑共同明确表示境界线而设桩立标的。我通过实地观察，从地形上判断，证明两国的边界并非豆满江①，而是图们江。

根据朝鲜人的证词，下雨的时候，从石碑以西雨水流向鸭绿江，石碑以东雨水流入图们江。而且不会流入燕芝峰旁的小图们江。

中朝边境的勘定问题一直没有得到很好的解决。三十七年前的前清康之庆、郑德庆两位带领一百人的军队，朝鲜府使金渊成率军曹一百二十人，冒山首员崔东享、钟首员、吴宗贤等随行，前来长白山共同勘界。其后，二十九年前，清朝派使官金耀元，第二年派方御使官查验定界。朝鲜第二次只派崔东享、吴宗贤来，两次旅费花了六万两，却未最终完成国界勘定，至今对朝鲜人的不争气也感慨不已。

再者，朝鲜始终处于清朝势力之下，单看石碑就可以知道两国边界还未曾清晰。日朝合并以来，在豆满江森林地带，常常发现新村，以此为证，也不难说明朝鲜自古以来忽视国境问题，也没有太介意这些事。

值得相信的一种说法是，清朝皇帝诏书朝鲜，预先约定日期，两国使馆照会共同勘定边界。清朝使臣赴约登上长白山，可是因为朝鲜使臣去晚了，清朝使臣独自设界立碑而去。另一种传说，在两国使臣照会之上勘定国界设碑，但是在此之后，清朝为了中国的利益，变更了界碑和标记。

如此众说纷纭，希望今后两国凭借可证之据和实地勘察确定国界。届时，如若我们的长白山探险记能多少提供一些参考和旅途借鉴的话，那这番苦心也会得到一点满足。

---

① 豆满江：女真语，指图们江。豆满，即众水之干。

长白山和三江　千丈瀑布

长白山正如所说的那样，确实是鸭绿、图们、松花三大江的源头。我通过这次勘查，想对其水源地带的情况以及流域状态进行补充说明。

一般人主张长白山山顶的天池之水流向西边为鸭绿江，流向东边为图们江，流向北边为松花江，可这却是一个谬论。山顶天池之水只向北方稍偏东，从两个悬崖缺口流出一条，并没有其他水源。就连朝鲜总督府陈列馆里的长白山模型图，都做成了水源朝东流向图们江的状态，实在奇怪可笑。我曾在某杂志上对改正模型一事提出忠告，但是其后依然如故。

从北方流下的松花江的源头，是从天豁、龙门两座山峰之间像倾斜垂下来的一条白绢一样飘下来的水流，被称为乘槎河。七月十三日，我曾站立在此水源前，白色冰柱形如蟠龙，悬垂于两崖之间，水从其间流下来，形成瀑布。很有所谓银河落九天的气概。中国旧记里有如下描写：自天池北角，悬崖奔注，瀑布千丈，望之如天河倒倾，雨龙腾空。亲眼所见，确实如此。流下二十里，土称二道白河。

现在说明一下松花江流域的状态，头道白河起源于长白山西北麓平安岭，三道白河起源于东北麓奶头山，都交汇于暖江，四道五道白河均出于老岭，流向西北二百余里，至娘娘库河汇流。此地就是古女真国。从此流淌二百六十里，其间众水汇合，包括荒沟河、古洞河、富河、五道柳河等。伏龙出自西锦江，在暖江形成犄角形状。长白山上松花江的支流不仅这一支。从北麓、西南麓流出的水都是松花江的源泉。梯云峰下也有两支源头水，绝岳、飞泉下流四十里入锦江。西北有大旱河，深二十几丈，宽三十五丈，流入松香江。向南流的马尾河、桦江河，向东流的大小蒲苓河、城场河、兔尾河、万里河等汇合。漫江源出长茂草顶，流经一百二十里至孤顶山，与锦江合流。西南汤河、花园河也流入锦江。然后西流二百二十二里，到达赞砬子，又向东北流七十里，成为二道江。以上即长白山下松花江水源流域各条支流的概况。

鸭绿江源于长白山东南暖江。从暖江向上是旱河。长白山东南麓绕三奇峰一直迤逦至云门，起名为南天门。又向南二十六里后，才出现细流。急流九十里，汇于太平川之水，再由南向偏东流下二里，加入小白川，再由南五百一十里，汇集胞胎河，才开始称为鸭绿江。右岸与浑河以及其他溪流汇合，左岸汇集了吾是川、虚川、长津、慈城、云城等支流。形成两千里长的江水，注入大海。

图们江的源头是距长白山山顶最远的，即长白山东麓距国境六十里的赤峰附近流下的红土水，以及从其南小白山流下的红湍水等汇流而成。河水流出帽山之后，向东北蜿蜒，由河岛方面融入乌鸩江，从朝鲜方面融入干木河，自稳城北流，西与海澜河、东与珲春河汇合，蜿蜒曲折，悠悠千里，流入大海。

五　鸭绿江遇险记

罗暖堡大瀑布　可惜至极之事

从惠山出发沿鸭绿江乘筏漂流，一百六十里的江上全凭一叶木筏，到达安东县。其间，激浪翻卷、岩礁潜伏，遇到了如同巫峡之水一样的难关，筏破舵折，但最后总算安全抵达，这里简单描述当时的情景，介绍一下水路的艰险。

根据惠山镇一带江岸水流的增减，有几处必须靠左岸通过。八月十三日，我登上要搭乘的木筏，木筏是用营林场放流下来的足有八十尺的木材做的，站在木筏上如同站在千两银箱上一样。峡雾笼罩江面，冷风吹拂。为了遇到困难时能够相互救助，三排木筏前后排列，蜿蜒如长蛇爬行而下。中国木筏一排一般由八九个人到十二三个人划行，而日本木筏上只有一个舵手。我们的木筏中间高高挂着日章旗，舵手操纵舵盘，左右变换方向，日本筏夫的英姿是多么飒爽！在河流平稳的地方，不需掌舵，任木筏自由漂流。这种时候，流行的鸭绿江小调便从筏夫们的嘴里流淌出来了。

惠山镇最有名的是八幡山啊，哎哎哟，前边是营林场啊后边是筏班，迎面看见的呀是中国，奔腾两国间的鸭绿江啊！哎哎哟哎哎哟！

看到的是轻松自在的漂流啊，哎哎哟，一只手在波浪上划桨啊，一只手在掌舵，前瞻后望啊，绝不能大意的鸭绿江啊！哎哎哟哎哎哟！

他们一边唱一边用专注的眼神紧张地注视着江面。上午十点左右，接近了鸭绿江的第一难关——罗暖堡瀑布。首先在距离瀑布十町左右的地方，三排木筏相连，这次三名筏夫乘上一排木筏，互相帮助，一个一个地过去。我的木筏排在最后，所以我到岸边的一个茶馆坐下，用罐头做下酒菜，喝了一杯神酒，然后登上自己的木筏。中国木筏人员都到对岸水神祠燃起鞭炮，祈祷水路平安，然后开始漂向罗暖堡瀑布。

木筏渐渐接近瀑布，水流急如飞箭。三个筏夫，有的掌舵，有的撑竿，焦急地用尽力量使木筏向西岸靠，可是木筏总向东靠。因为这个瀑布中央有一个大岩礁将瀑布分成两部分，东边瀑布大而且礁石多，西边瀑布小，多少安全些，所以要让木筏从西边通过。可是东边的瀑布大，水势猛，总吸引木筏向东边去。如果木筏进入东边瀑布，最后不仅木筏被粉碎，人也会被一起卷入漩涡。生死在此一举，难怪筏夫们拼命地驾驶着木筏。只今年一年，日本和中国的七排木筏中就在此死了三个人。今天早上，营林场分厂厂长还再三告诫我这里的危险性，但是我没听他的话，还是上了木筏。我的性格是喜欢冒险的。

激浪拍打出雪花一样的雾霭，在山峡中轰鸣回响，声势浩大。凭借筏夫们锤炼了多年的技术，木筏没有靠近东岸，而是进入了西边，感觉总算活了下来。尽管是西侧，毕竟是好几丈高的瀑布，而且瀑布分三段倾泻下来，所以要过此关，也不容易。开始我感到非常担心，但镇静下来，不但没害怕什么，反而觉得极其悲壮。

筏夫让我和韩翻译抓住旗杆，情急之中特别提醒我们不要把脚弄到木头缝隙中。木筏在几丈高的瀑布中滑行，觉得好像落到地狱底层。这时，两边拍下来的大浪哗哗地将我们从头冲洗到脚。不过总算幸运地过了第一道瀑布。可木筏被怒涛狂澜推到了第二、第三个瀑布下面。气势极其吓人，我生来还是第一次经历这么险恶、惊人的场面，简直要被吓哭了，这也算我人生的一个新纪录。江上行了二十二里，午后五点木筏停在了新乫坡镇。

在爱媛屋旅馆脱去行装，检查一下皮包，发现花了五个月的时间，辛辛苦苦在鸭绿江边、长白山中拍摄的照片胶卷被水浸湿，相互粘在了一起。在惠山镇冲洗的照片，要把它揭开的话，就会变得影像全无，一点用都没有了。我把它们摊开放在座垫上，伫立良久，满心惆怅，像数着已经死去的孩子的年龄一样无用、无奈。用墨水记的日记也被水浸泡，有的地方坏了，有的地方模糊难读。这真是我一生中感到最可惜、最失望的一件事。

绕七日的危难　木筏被卷入漩涡

在新乫坡镇停留了两天，八月十八号，再次离开这里搭乘别的木筏，继续沿江而下。早上天气晴朗，可午后三点左右，天突然阴起来，头顶上雷鸣电闪，豆大的雨点铺天盖地落下来。在木筏上打开伞避雨，而筏夫淋着雨，目不斜视，全神贯注地驾驶着木筏。中国木筏上有花棚子，有遮檐，可以在里面食宿，下起雨来的话，就立即停下来，把木筏系在岸边，还可以在上面睡午觉。日本木筏即使天上下刀枪也不会停下来。在鸭绿江上活跃的日本人的这种精神，令中国人和朝鲜人都惊叹不已。

到达八道沟的下游，有个难关叫作“绕七日”。此处江面辽阔，形如港湾，右侧靠中国大陆，形成一个大漩涡，呈现日本四国岛鸣门海峡有名的涡潮形状。如果木筏被卷进去，可就不得了了，一圈一圈转上好几天也出不来。以前有个日本人驾驶的木筏被卷了进去，结果绕了七天七夜也没绕出来，后来总算被其他木筏救出来，于是这个地方就被称为“绕七日”了。我们的木筏很快就要到此难关了。

筏夫们为避开漩涡，个个都专心地驾驭着木筏。听说他们都是老舵手，没想到木筏还是被卷了进去。开始我还不相信，以为转两三圈就能出来呢。但是绕了十圈、十五圈，还是老样子，只不过是一圈一圈地重复着。

要是只一圈一圈重复还好，可每转一圈木筏的一端就撞到岩壁上一下，木筏开始被一点点撞破，筏夫脸色开始铁青，束手无策，我更是不知所措。如果木筏解体，那一瞬间身体就会被卷入水中。看了一下表，已经过了一个小时，绕了二三十圈。木筏前端破了，无法掌舵。绝望极了，筏夫们也有点儿泄气，想不出什么好办法。

但真是如人们所说的那样，运气好，一切都能逢凶化吉，此时正中了此话。这时从上游下来一排木筏，看到我们的困境，就把一根绳子的一端撇了过来。这边木筏上的筏夫好像早有了准备，紧紧抓住了绳子。这样，我们的木筏一点点从漩涡里被救出来。我高兴得就像遇见了救星似的。黄昏渐近，我们把木筏停在伍仇俳河滩，跟筏夫们一起住进一家小旅店。十几个筏夫故意露出大腿，盘腿而坐，人均吃了一升米饭，我为他们的胃口之大而惊叹。

接连遇困　木筏破裂

从竹田里去奥四里厚昌城，在那里停留了五天，然后又返回伍仇俳。仿佛忘记了前几天的危难，再次乘上木筏，正是八月二十一日。连续下了两天雨，江水上涨，滔滔之势如骏马奔腾。

离伍仇俳下游不到一里之处，在竹田里悬崖下，有个著名的红岩险塞。在此发生过鸭绿江第一起筏损人亡事件，每年都有十几个中国和日本的筏夫死于此地。据说其危险程度超过罗暖堡。这里的红岩从地形上就好像是为了破坏木筏而形成的。鸭绿江从红岩上方开始弯曲成一个小于号“ < ”的形状，倾斜度极大，所以水势凶猛，水流湍急，红岩矗立在成直角的拐弯处，岩石深深扎入水中。若不是相当熟练的筏夫，要避开这个危险的岩石相当困难。几年前营林场投资四百多元，把此红岩的底部凿碎了一些，可是毫无意义。中国人把它称为“虎立岩”，可见它的威力有多么大。我们的木筏现在正驶向虎立岩，以一泻千里之势飞速直下。

好像漂流在洪水上一样，突然一个大浪打下来，木筏前端撞到岩石上，飞起一丈多高，惊心动魄。同乘一个木筏的朝鲜人“哎呀”一声像老鹰似的扑倒在我的脊背上，我的身子动弹不得。韩翻译与筏夫一起用力，终于把木筏前端拽回江面，于是裂开的木筏首尾倒置，从江中央顺流漂下，无法掌舵。

途中，木筏又撞到中国一边的岩壁上，再次遭到破坏。虽然木筏反复遭受损害，却还没有一根一根地分散开来、支离破碎。那是因为日本木筏采用韧劲强、绵密结实的寄木细工法①。如果是中国木筏的话，不仅早就四分五裂，而且可能都化成粉尘了。

已经破损的木筏就这样在江上继续顺流而下。这时，韩翻译指着对岸，说七年前朝鲜暴徒就在那里向木筏开炮，打死了一个日本筏夫。突然，木筏被夹在暗礁里不能动弹了，一两个人使劲推拽，依然动弹不得。筏夫不得已下到水里，尝试各种办法，我们在筏夫的命令下，一会儿向东一会儿向西，竭尽全力，终于把木筏从岩石中弄了出来，继续向前漂。过项羽岩下的急滩时，没想到木筏擦到了

---

① 【编者注】寄木细工法，也称木片儿拼花工艺，是日本箱根地区（神奈川县）特有的一种传统工艺。

岩石上，一下子撞掉了两根木材，成了江面上的两根浮木，因为规定损失木筏木材的钱要由筏夫赔偿，所以筏夫非常着急，赶紧追下去，眼看着与浮木拉开了距离。

终于找回了浮木，筏夫把木筏靠岸系好，然后出发继续向前漂流。不久到了离梨平洞三里的地方，木筏突然飞上了江心的岩石，被分成了“人”字形。撞到岩石部分的木筏中心处都要断了，拍打到木筏上掀起的白浪如同虎豹的怒号。用“可怕”一词已经难以形容。这次可真是要丧命了，此时天已接近黄昏。

我们拼命招呼对岸的人。嗓子都喊哑了，可是依然被他们拒绝了，他们说只有独木舟，不能接近出事的急流险滩。这些人是移居中国的朝鲜人。韩翻译发起脾气大声骂道：“你们这些没有人情味的家伙，不快点找来救助船，就饶不了你们!”可是他们毫无反应，百计用尽，最后我对他们说：“每个人给你们一块钱，算是运费，快点！把独木舟划过来!”他们这才终于冒着危险过来了。真是应了那句“有钱能使鬼推磨”。我们一个一个转移到独木舟上，被送到对岸。这里是叫作“寒云洞”的小村子，才有五六户人家。村里人在江里拾起来的浮木，堆积在江岸像小山似的，浮木上刻着伐木公司和营林场的烙印。看到这些让人联想到不知有多少木筏在此遇难呢。

初乘中国木筏　在芦洞支离破碎

由于日本木筏接二连三遇险，所以，这次想体验一下中国木筏。托帽儿山伐木公司帮忙，于九月四日，我登上了中国木筏从帽儿山出发了。日本木筏上只有一个筏夫，令人吃惊的是中国木筏上竟有九名筏夫，而且每个人都被封个头衔，比如大卯子（指挥）、小卯子（筏夫）、先生（会计）、太师（厨师）等。要出发了，他们向岩上水神祈祷，三拜水神，燃放鞭炮，每个人嘴里念叨着："水神老爷，保佑我们在水上平安无事，顺利到达安东县。"

木筏徐徐启动。最近，鸭绿江水少石出，木筏常常突然"嘎"的一声插入江底。漂流一里左右，木筏靠岸了，我以为只是休息片刻，却听说是要在这儿住下。日本木筏一个人一天要走三四十里，而中国木筏九个人一天才走一里，真是慢悠悠的性格。不得已我也只好在此住下。筏夫们在棚子里食宿，我送给筏夫们一升烧酒。一整夜，听到雨声，还有他们在江上喝酒划拳的吵嚷声。

第二天拂晓出发，我在木筏上睡了一小觉，睁开眼睛时，木筏冲到了一块岩石上动不了了。不管筏夫们怎么挣扎就是出不来，而筏夫们竟然睡起午觉，躺在筏上开始打呼噜。我对中国人到哪里都能保持如此慢悠悠的性格感到震惊。我催促他们下水推筏，总算解决了问题。

到达芦洞地区的江边，乱石暗藏江中，木筏撞到一块大石头上，一下子就分成了两部分，中国木筏的脆弱令人哑口无言。我乘的半个木筏继续漂流，不久又撞到一块岩石上，不用说，这次是彻底散架了。木材一根一根散开，伞和毛毯都被冲走了，我紧紧抱住一根木材。日记和其他收集的材料装在随身带的皮包里。同乘一个木筏的绵羊在江面一起一伏，也被冲走了。抬眼找找韩翻译，只见他也抓住一根木材向下漂去。筏夫们一半还留在扎到岩石上的木筏上，一半和我们一样被冲下来。

此时，我不断念着般若心经"心无挂碍，无挂碍故，无有恐怖"，突然我好像丢弃了木材，乘上了一座漂浮的小舟，在江浪间起伏。到达朝鲜岸边后，得到芦洞宪兵所的照顾，韩翻译被冲出半里以后游到岸上，到宪兵所找到了我。这次事故死了一个中国人，我们则平安无事。当时承蒙三田村宪兵所长的厚意，至今难以忘怀。

六　蒙古[①]横越记

备战农家　又见旧友

如果我说，两个车夫、三匹马的带棚马车是一个无名画师旅行专用的交通工具，你一定不大相信。一路上，连一个同乘客人都没有，据说到郑家屯要三天时间，中国车夫说少于十二元怎么都不行，我只好一咬牙说行，就一个人乘上这辆马车，于八月三日离开了四平。

十二只马蹄子掀起的沙尘扑打在汗淋淋的脸上，别提多难受了。好在前方进入一条高粱地间的道路，这条路好像一条放纵的曲线。穿过这一望千里的高粱地，清风扑面，刚才的不快都烟消云散了。

路面上有数条车辙留下的深深的土沟，倔强的三匹马根本不在乎这些，嗒嗒嗒嗒地马不停蹄。车辆颠簸剧烈，二百〇六块骨头好像要散了架子，有时甚至头顶碰到车棚上。我喊“慢点儿赶”，可车夫根本不听。马鞭像大钓鱼竿似的在竹竿头上系着一丈多长的麻绳，在空中舞动两三下，就“啪”地用力甩一下，所以马儿们一个劲儿地狂奔。他们要是按承包算账的话，三天的路会用一天就跑完，要是按天数付账的话，五天的路会跑上十天。伸缩自如，至于给客人带来的麻烦，他们不管。

走了十五华里左右，通过老四平小镇，继续西行，窗外连成片的高粱地之间，种着谷子、大豆、小豆、黍子、荞麦、萝卜、亚麻、土豆、蓼蓝（染料草）、芝麻、南瓜、烟叶等农作物。那些贫困人家的低矮房屋被淹没在高粱地里，只能隐约可见，而富裕人家的大宅则是四周围墙高筑、壕沟环绕。高墙四角还设有防备马贼的角楼，从角楼射枪孔中伸出铁炮，炮头上系着红布，好像在宣告：“我们家可是有枪有炮的啊!”看上去有点儿滑稽，但高粱长势茂盛季节，也是马贼

---

① 【编者注】指内蒙古，这一专题中所提到的“蒙古”都是指内蒙古。

出没最频繁的时候，连宁静的乡下也被搅得鸡犬不宁。

这时路边出现嫩绿的春柳，枝条摇曳，持续约半里多路，宛如长长的篱笆墙。马一边拉车前行一边甩着尾巴，拍打着肚子上的虻蝇。偶有两三人合抱粗的高大白杨好像冲天的大扫帚，在一望无际的平原上拔地而起。

天空暗下来，开始滴滴答答下起雨来。我坐在马车篷里听着外面雨滴拍打在高粱叶上的声音，不知不觉来到了六十里处的八面城。八面城人口约一万五千，是汉族人的居住地。我军守备队驻屯在此，但生活在这里的日本人却很少。为拜访在四平认识的芳松先生，我下车进了一个小巷。正对小巷的大门口，有个半裸的日本妇女正在纳凉，她一看见我，就像一只蜗牛一样缩了进去。不用说，肯定是个妓女。她们见到同胞是不是也感到有点儿羞耻了呢？在这荒凉野蛮的北方，没有细菌检查，她们的血肉污浊，人生之花也枯萎褪色，真是可悲可怜。

芳松先生见到远道而来的我，显得格外高兴，备置佳肴美酒，盛情地招待了我。在异国他乡，一面之交的普通朋友也胜似手足。晚风吹拂着我们的醉颜，我们信步来到了市中心。

国人移居佳期　统一世界良策

夜晚，雨下个不停，我蜷缩在车棚里冒雨离开了八面城。道路仿佛变成了滚滚浊流，我们好像哗啦哗啦地行驶在河床上。马儿们倒是怪可怜的，但对我来说却是件好事，车身不那么颠簸，比昨天舒服多了。今天，途中穿过一片又一片杨柳，绿树成荫，这在满蒙地区是难以看到的葱郁景色。一望无际的高粱地和高大的冲天白杨，整齐排列，没有尽头。

这里的耕地数量比住户人家要多得多，靠牛马的力量实行大规模农耕，这种粗放式的农耕方法确实是中国的特色。习惯于集约型小农业耕作方法的日本人对此惊叹不已。

其实，我一直在考虑，与其做一辈子普普通通画画的，倒不如尝试尝试经营农业，来耕耘这块土地的一部分。因为自己出生于百姓之家，所以一进入满洲，我就一直注意观察这里的农业情况。现在，虽然略晚，请允许我模仿经世名人的口气，来介绍一下满洲农业的部分情况。

这一带从地理位置来讲，地处长城以北，应属蒙古地带。而从行政区划的角度来讲，则属奉天管辖。满洲农户被分为满族和汉族两种。满族是清朝时代的旗人，清朝在奉天建城以来，为了地方警备，采取士兵下乡的“屯田制”。平时士兵耕地种田，用旗的颜色表明其所在地，一旦发生战事，就放下农具，操起武器，组成农民兵团。很多满族人的后裔，都有这样一种先天的气质：他们拥有很多农田，但武士的农耕方法，是不愿意自己出力从事农耕，而是作为地方官从事管理工作。一方面，汉族人多是过去从山东、直隶移居过来的单纯劳动力，自己有土地的人很少，因而成为旗人的佃农。但是信奉“一分耕耘，一分收获”这句格言的佃农渐渐富裕起来，如今反过来，地主旗人常常用土地抵押，从佃农汉族人那里借钱。主客颠倒了，汉族人以势如破竹之势席卷了整个中国，推翻了清王朝。丧失了地位的旗人，越来越陷入不利境地。汉族人用金钱买通地方官为己所用。特别是近年来，汉族人不断反对《中日通商行船条约》①。另一方面，旗人已不愿意与汉人缔结压迫性的借贷关系，反而愿意与出价较高的日本人合作。因此，日本人也不放过这样的好机会，不断移居满洲，开始把大和民族的势力移植

① 《中日通商行船条约》：1896 年 7 月 21 日签订于北京，是《马关条约》的延续。

到这块土地上来。

我们继续前行，走了四十里左右，到达了富家屯。在客栈稍事休息，点了两三个菜，要了高粱酒，也请车夫吃了午饭。突然门外传来铜锣声，敲个不停，不知道发生了什么事。我走出去一看，原来地上铺着毯子，一群江湖艺人打着上海神手的旗号，在表演各种武术。男女老少有二三十人看得入迷，时而哈哈大笑。围观者中有五六个小脚美人，她们一看见我，突然吃惊地躲进门里。我很想请她们做我绘画的模特，但是想想一定会遭到拒绝，还会影响她们看武术表演的兴致，也是罪过，只好打消这个念头，上车继续赶路。

走了不远，路边右侧出现一片浓密的树林。听说去年就是在这一带，四个马贼杀害了两名日本兵，还使一名士兵身受重伤。马贼不但一点没受伤，还抢走了日军的所有枪支弹药，跑进高粱地。他们的本领也够大的。没想到在卫国战场上的胆小鬼，一旦为了自己的利益，就像变成另一个人似的，成为难以置信的勇者。我们何不利用他们的这个特点，把他们召集到一起为我们打仗呢？只要把战利品都归他们，让他们随便挑选，他们肯定所向无敌。我这样在车里一个人展尽苇原①式的空想，望着外面成群的牛马，不知不觉过了多沙的原野。到达三江口已是正午。

三江口有一千五百人左右，是辽河河畔的码头，二三百艘帆船经常停泊在这里。我决定在我军分遣部队住下。解下旅行装束后，我立刻来到辽河河畔写生。周围无数只苍蝇围着调色板，扰得我甚至不能长时间握住画笔。

晚上，在院子中间铺上席子，跟士兵们一起围着炭炉，一边吃辽河里有名的王八（甲鱼）料理和鲤鱼生鱼片，一边畅饮烈性高粱酒。万万没想到在蒙满平原上竟有这样的美味佳肴，真是格外痛快。

---

① 苇原：日本神话中指日本。

军中之储蓄银行　宏伟壮观之辽河

车夫在天黑之前到河边来接我，因为前一天路程赶得太多，今天我借病要休息一天，早晨懒懒地睡了一觉。十点左右来到辽河河畔，开始描画帆船停泊的景色。不一会儿，突然下起了暴雨。我正要收起画具时，一下子又雨过天晴。今天完成了一幅令我满意的画，心里很高兴。

我回房间睡了一会儿午觉。大陆午后三点左右是一天当中最热的时候。酷暑使我汗流浃背，像被水浇过似的。睁眼醒来的时候，看见有一个身穿日式浴衣的妓女。她用一根又薄又细的廉价带子系着日式浴衣，俗气又放荡。大白天到军队大院里来卖淫，不论是时间还是地点，都令我瞠目结舌。只见她从怀中掏出七十元左右，交给了一名上等兵，上等兵把钱“哐啷”一声扔进弹药箱里上了锁。我越来越难以理解，后来才知道，原来她们把钱放到家里害怕被马贼抢夺，所以钱都寄存到军队里。也就是说，这名上等兵的职位相当于“陆军步兵上等兵兼卖淫储蓄银行行长”。

我洗完澡，爽快地喝了一杯。此次蒙古旅行出发之前，松屋老板娘送给我一件浴衣作为饯别礼物。我穿上浴衣，来到辽河河畔，独自散步。崭新的日式浴衣穿在身上感到格外舒适，加上河风吹拂，夜晚的清爽令我陶醉。此时，从帆船里传出弹奏三弦的乐曲，把我带进边疆少数民族的恋歌之中。夜色朦胧，旅途的寂寞伤感不禁涌上心头。

翌日清晨，我与那名上等兵告别，沿着辽河河畔继续前行。白帆往来如织，悠悠千里。贯穿东北的辽河，好像造物主画的一条豪放的曲线，不能不为之惊叹。我在素描纸上试着画下来，但是怎么也表现不出我感受到的那种力度，悲叹自己力不从心。正如绘画理论所说：“该进则进，该退则退”，辽河正是如此。它不像日本河流那种被岩石阻挡后跌入狭窄的溪谷。走了五十里左右，到了郑家屯。郑家屯人口约五万，是汉族人居住的街市。这里设有日本领事馆、守备队、红十字医院等，生活在这里的日本人有两百多名。

第二天，我扛着写生箱，穿越街市来到西南郊外。有一条约一里长的小溪，我在岸边坐下眺望了一会儿。有两队骑在骆驼上的蒙古族人渡过浅溪，登上对岸草原。草原上放着几千只羊，像漂浮在草地上的一朵朵雪白的浪花。左侧有隆起的两三百个“土馒头”，有个寡妇模样的妇女在一座坟前磕头，并哀声念诵佛经。

不知从哪儿冒出来四五个乞丐，身体瘦弱得像干柴。他们附近有一只死山羊，浮在水面。掉了毛的死山羊也比这些皮包骨头的乞丐显得丰满。刚才的骆驼队，宛如蚂蚁一样，背影渐渐消失在沙丘后。这一切都是在一个小时之内我看到的光景。

沿着高粱地向北走一里左右，又来到辽河河畔。两三百艘帆船停泊在此。河水浑浊发红，远处地平线上隐约可见的白帆如浮云出现，然后又消失在天边。

岸边是由一些露天店铺形成的小市场，三弦琴的乐声和歌声回荡在港口。为了等待水势上涨，有些船只已停泊了一两个月，他们在船里养了各种各样的鸟，以打发无聊的日子。我在河边休息时，与船夫们用只言片语和手势交流，他们把我当作伙伴，让我上船体验了他们的生活。船长还分给我很大的一半西瓜，进入满蒙地区，到处受到友善的欢迎，我深深地感到人与人的情感是没有国界的。

骷髅装饰 弱恶强善

接受牛岛先生的好意，我借了满铁宿舍的一个房间，在此住了下来。晚上让男服务员到市场去买吃的，他空手回来说“什么卖的都没有”。绝不会有这样的事，我不相信，就亲自跑出去买，只见街上所有人家都锁了门，周围静悄悄的，没有一个行人。我知道最近流传蒙军要来袭击，一定是这个缘故。没有办法，我只好空腹而归，躺在闷热的房间里。这个房间好像以前一直有人住在这里，书箱里装满了书。里边有屠格涅夫的《初恋》、易卜生的《海上夫人》等。我突然意识到这些书的主人一定是靠这些文学作品，在寂寞的满蒙生活中求得一丝安慰的。书箱上面摆着两个骷髅。如果只把它们当作石膏装饰品来看还不会感到奇怪。然而如果我画像的话，画出来的会跟这两个骷髅一样。想到这儿，我对自己产生厌恶之感。这两个骷髅形状比较大，说不定是俄国兵的头骨。我确定这一定是作为日俄战争的纪念品从战场上捡来的。

夜里突然响起异常的警笛声，简直像狮子大吼，让人心惊肉跳。一般人很难发出那么大的声音。听说拿破仑一声号令能传出三里地，今天的警笛声肯定能传到两里地以外。经过训练，声带竟会发出如此吓人的声音。时而还传来吓唬马贼的刺耳枪声，让人难以入睡。我吹灭蜡烛，想合上眼让一直盯着骷髅的视觉神经休息一下，然而又有五六个更可怕的面孔闯入我的视线，是那些吗啡中毒患者苍白的面孔。

两三天前，在八面城秘密贩卖吗啡的药店内，昏暗的光线中浮动着五六个吸食吗啡上瘾、已濒临死亡的身影。他们虽已疲惫、颓废却还要贪婪享受，那种复杂的表情真是难以形容。即使把发狂者的目光、肺病患者瘦弱的肌肉、癞病患者的皮肤、梅毒患者的头发等都用上也远远形容不出他们的样子。人都不忍心给猫狗有毒的东西，贩毒者怎么竟敢毫不在乎地贩卖毒品给自己的同类呢？而这样的日本人在满蒙地区十人中竟有八九个。所谓东方君子竟然如此卑鄙。而吸毒者本人呢？他们的身体一天天衰弱下去，但他们感觉舒畅时灵魂好像被带到天国，他们在一瞬间能享尽青春的活力、美人的娇嗔、玉肌的触感、古酒的幽香等世上所有的快乐，只有他们这些吸毒者才有特权体验到如此的快感。中国人比较重视现实，吗啡带来的快感是实际感觉得到、体验得到的升上天堂的感觉，比慈爱宗教家倡导的虚无的理论现实得多。所以，提供吗啡的人就好像指引他们去天国的领路人。因此他们这些人，谁还选择只讲心灵、未来的宗教呢？由此看来，吗啡至少带来了实际体验的快乐，而宗教的说教能带来什么呢？因此懂得这个道理的人觉得吗啡至少比宗教强。社会应该严格受道德的约束，而在当下发生的事情好像没有一件是合乎这个道理的。如果说贩卖吗啡是不道德的，那么在光天化日之下掠夺人类生命的战争又是什么呢？大树下面的小树自然枯萎，而大树不也是毫不谦让吗？讲述神的全知全能的宗教人士也不能否认恶魔居住在这个世界，追随连恶魔都打退不了的无能为力的神，归根到底还是不能安身立命。患了肺病的人不去质问病菌的罪过，是人战胜病菌还是人输给病菌。如果人被细菌战胜，细菌就会奏起凯歌。小到细菌，大到国家，弱肉强食的道理支配万物，无法改变。想到这些使我更睡不着了，神经越来越兴奋。屋子里某个角落时时传来戚戚的虫叫声。

马粪锅灶煮饭菜 福晋侍女出城府

我又成了马车上的人，在装载五十袋小麦粉的马车上找了个座位坐下。我在夏天穿的衣服外又加上一件披风，头戴钢盔，脚穿长靴。这身打扮是冬天夏天、晴天雨天都适用的。离开了郑家屯，我决心去蒙古的白音塔拉。行装尽量简便，这是我旅行的窍门，天冷就添加衬衫，天热就脱掉衬衫，毫不影响外观，正如动物们只靠调节脂肪来应对寒暑一样。从这往西走，就进入了不属于日军管辖范围的蒙古之地。这里辽阔无边的没有法律与道德约束的原始地带，是马贼活跃的天地。云母状的云彩浮在空中，这是只有秋天才能看到的鳞云。快到收割季节了，高粱地变成了一片赭红，草丛里虫鸣不绝。今天是九月四日，蒙古早早起了秋风。

我好像坐在观光车上，眺望辽阔无际的大平原，走了十二三里，出现了一个沙丘。车轮陷进沙丘，马车无法前行，于是借用后面马车的马，把我的车拉上来，大家相互扶持走出了沙丘，继续前行。黄色的野花一片片地开着，蝴蝶翩翩起舞。不一会儿就到了一个名为“巴彦”的村落。眼前有个马栈，进去吃了午饭。这里用马粪作燃料，用风箱呼嗒呼嗒烧火煮饭菜。一股臭气飘入室内，让人喉咙发痒。我请店员用小麦粉烙了饼、煎了鸡蛋。用马粪锅灶做的饭菜填满饥饿的肚子，加工费是一个人五枚铜钱。所有旅行者都必须自备食物，也就是旅客带米自炊的习惯。

这一带都是草原，人们用七八尺长的长把镰刀割着草。远处近处都移动着放牧的牛群马群。到处都堆积着像小山一样高的草垛，简直就是法国画家米勒画中的风景。

越过几个沙丘，马车继续嘎吱嘎吱向西行驶。偶尔出现的高粱地，高粱也只有三四尺高，谷子长得就像狗尾草。这里的土地都很贫瘠。

到了一个叫作“哈日查兹”的部落。这儿只有十户左右的蒙古族人。大道中间挖有一口井，停车给马饮了水。我想去要一碗开水，正巧从一户人家走出一位妇女，她每只耳朵上戴三个耳环，用青布包着头发。她的脸庞轮廓一看就与汉族人不同，是胖乎乎的圆脸，极像日本女人。她跟中国其他地方和朝鲜的女人不同，没有躲起来，而是很爽快地给我倒了一大碗茶水。灶台上煮着一大锅牛肉，两根牛角突出来，有点儿可怕，但是连头一起煮的牛肉，一下子勾起了我的食欲。我还是没好意思张口讨牛肉吃，登车上路了。

有个十五六岁的姑娘登上房顶，目送我们上路。那情景真是不可思议。蒙古族人习惯有什么事情立刻登上屋顶。因为这里都是平地，房顶就成了他们的眺望台。刚走不远，就见右手边有一座周围砌着高墙的大瓦房。大门外有持枪的士兵守卫。听马童说是二王爷府。这时，身着盛装的福晋，带着两三个侍女，一行人从深丹青色的正门出来，宛如唐朝画中的风景。

天完全黑下来，一轮弦月挂在天空，清澈透明。秋凉袭人，我裹紧披风，又赶了一个小时的夜路，到了一个叫作“小马呼啸”的孤村，进了一家很小的客栈，借着高粱酒的醉意，枕着写生箱睡了一觉。

三丈高牛粪山 百里长野桑林

天没亮我们就出发了。东方的天空群星闪烁，搞不清楚从哪个方向传来了鸡叫声，天色渐渐发白，太阳突然从地平线上跳了出来。但依然觉得夜色未退，还是太阳出来之前的感觉，只是太阳像个大灯笼，孤独地发着光。也许因为这一带都是平地，没有能反射光线的山的缘故吧。

昨天，沿路右侧远远有一座像处女乳房一样可爱的小山，但今天连小山的影子都不见了，好像沉到地平线下面去了。

走了五里路左右，来到一个叫作“蒙勒浩啸”的有两三百户人家的村落。在马栈给马饮了水，让马休息一下。我来到一个能容纳两三百人的大房间。在房间角落有一个俄罗斯人，大概是贩卖牛马的商人吧。

从这里开始，沿途没有沙丘没有树影，是一个大草原，数以千计的牛和马分散各处。穿过这个大草原，走了三十五里路，到达了一个叫作“玛黔寺府”的村庄。

在村里吃了早饭兼午饭。所有满蒙旅行者都是不吃早饭的，而是在天亮之前就出发，中午时，早饭午饭一起吃，叫作“打突”，是把早饭和午饭拼到一起吃的意思吧。有些农家前面堆积着两三丈高的牛粪堆，在一片平地上特别显眼，好像牛粪山，我从马车上跳下来，用铅笔画了下来。

沿路左侧隆起一座像猫背似的小山，山顶上有座烽火台。名为潘家店村的村头流淌着一条小河。这是自郑家屯以来看到的第一条河。岸边开满了芒草花，牛马成群，悠然自得地在河边饮水吃草，在这骚动不安的满蒙大地，眼前是一幅多么平和宁静的景色啊。

穿过高粱地又是草原。草原上生长着一片野生桑树林，种类像日本东北一带名叫“岛之内”的桑树。看来树枝年年被砍掉用作柴火，新长出来的树枝有一丈多长。除了偶尔几处草丛之外，野桑树绵延一百多里。如果建一个草席帐篷式的养蚕房，在这里经营养蚕，定会一本万利啊。不容怀疑，干燥的空气，高温炎热的蒙古夏日能使蚕体迅速生长，短期作茧，加之雨量少，这里简直就是天赐的养蚕好地方。真想在这里养蚕，成为一名在蒙古经营养蚕业的先驱者。我被这一野心驱使着赶了二十五里路，到达大罕。这是一个有二三十户人家的部落，我们进了一家名叫“万源店”的汉族人经营的马栈，要了一小瓶酒以解旅途的疲惫。

马贼频现身 喇嘛显雄姿

我们照例在拂晓出发，整个村落到处燃着篝火。轮班站岗的人手持枪支。高粱收割之前，正是马贼活动频繁之际，此时一点儿都不能疏忽大意。驾车的马夫每次通过高粱地，总是很吓人地使劲儿把鞭子甩得啪啪响，大声吆喝着催马快跑。我那根天生迟钝的神经，这时也会不由得紧张起来。

到达名为“大林营子”的村落，一位身穿黄衣外披红袍的喇嘛跨马前来。他那结实的骨骼和勇猛的相貌，有点儿像古时的僧兵。我还从来没想过要画张和尚的画呢，但今天见到这位喇嘛僧的雄姿，我第一次产生了这种创作欲。

我们继续前行，眼前一望无际的大草原，长着茂密的窃衣草，这草看上去硬得连野马都嚼不动，所以一匹马的影子都没看到，这是个原始荒野地带。这片风景让我想到与其把弯曲的树木作为有用之材砍掉，倒不如保全这些弯曲的树木，让它们终其天年。此景道破了庄子的名言——无用之用。于是我想到与其被那些大人物等俗人呼来唤去地画画，还不如像我现在这样当一个无名旅游画师优游自在。能体验这种旅行的滋味，也许就是幸福。

行驶三十华里左右，到达敖包村。在一普通马栈吃过饭，休息了一个多小时。这一带都是沙质土壤，作物生长繁茂，高粱也长得有丈余高，荞麦花盛开如遍地白雪。过了前敖包营子、查干花等，来到新艾力村，这里有一百多户人家。看得出这里将来一定会有很大发展。从前敖包村到此的三四十里之间，都已被汉族移民开垦，汉族移民这种旺盛的耕作能力着实令人惊叹。

天将黑时，到达了孔家窝堡，投宿到一家脏兮兮的马栈。一轮弦月破窗而入，皎洁的月光洒在草席上，笼罩着我的思绪，使我的思乡之情油然而生。今年可是在外迎来的第三个秋季。第一年是在朝鲜，去年是在满洲，而现在是在蒙古。地点不同，而秋季皎洁的明月是相同的。想想已过古稀之年的父母、拉扯三个孩子的妻子，他们是多么盼望我这个流浪汉早日回家啊。而自己却从一地又到一地，离家乡越来越远。展望前途如茫茫大海，充满无限希望。回首来路，乡愁之情缕缕，走到哪里都牵系在身。是回去还是继续前行？旅途的疲劳使我带着悲喜交加的复杂心情坠入了梦乡。

我就是世界中心　大袈裟之俄国人

我们照例顶着拂晓的星辰出发了。不久太阳升起来，千里草原一片生机，被染成淡蓝色的地平线好像大海一样。环顾四周，没有山影，地平线是以我为圆心的一个大圆弧。我的渺小身躯站在广袤的平原上，此时真想高呼："我就是世界的中心!"

偶遇两个骑马的俄罗斯人，他们是买牛的商人。他们用汉语告诉我："一头牛六十元，已经买了三万多头了。"四天行程，连一个日本人也没有遇到，却遇到了三个俄罗斯人。他们靠自己的能力在蒙古大显身手，令人敬佩。这不禁使我联想到我们的商人，如果不借助军队和警察的力量，一步也不敢踏进这种地方，真是无能。要挣钱，又不敢冒险。其实即使他们进入此地，也不过是个一文不值的落伍者。像钱屋五兵卫、天竺德兵卫等也是有血缘关系一起干的商人，并不是一个人出来闯荡的。他们的祖先也许曾经是所谓的倭寇呢！跟祖先相比马贼算得了什么呢？我带着十分兴奋的心情，摇晃了二十五里路，正午到了著名的白音塔拉。白音塔拉有一万七千多人，是汉族人居住地。日本人只有十二三人。预计将来要开通铁道，那时这里一定会成为蒙古最受瞩目的城市。

我穿过市街向南走去，租了一所独院房子，雇了一个男佣，决定在此停留一段时间。遥望窗外，吃着草的几百头牛马、跨在马背上的蒙古妇女、悠悠前行的骆驼商队等，每一道风景都很新奇，我不想让它们逃过我的眼睛。

从傍晚一直到深夜，威胁马贼的枪声不停地划破夜空，有时子弹还乱飞到房顶，所以不敢轻易出门。

我让佣人用小麦粉做了丸子，用猪肉和蔬菜等做了汤，吃完这简便的晚饭，便在孤灯下翻看关于蒙古的书籍。不知从室内什么地方传来了蟋蟀寂寞的叫声。

盐碱结晶地　马蹄溅草香

添田君和早川君是住在白音塔拉的中草药贸易商人。这一天，他们想去视察甘草原生态的情况，准备骑马奔向郊外。我也背上写生箱，跨上向田边君借来的马，紧跟他们一起出发了。最近传说马贼就要来袭，市民都很紧张，所以不难理解哨兵们看到我们骑马出发时的那种不安的眼神。

刚走不远，看见前面耸立着一座形状奇特的蒙古塔，这种塔叫“敖包”，在蒙古随处可见，兼表宗教和边界两种标志。有的是用砖砌成的，有的只是用石头随意堆积起来的。

我们一行人到了一片草地。回望白音塔拉已经沉到地平线下，满目只有绿色的海洋，这里简直就是蒙古的武藏野①啊。趟着没过马腿的草地继续前行，前方出现了一片不毛之地。盐碱结晶后像残雪一样，堆积在盆地各处。我捧在手里一大把，有一升多，没有一点儿杂质，非常纯净。

接着又是草原，我们踏着草地向北行进。写生箱里的画具咣当咣当相互碰撞，敲打着我的神经，我索性把它们拿出来，分装到两边的衣兜里。遥望右方，沙丘的一端呈现一条带子形状。听说每次风暴，这里就会天昏地暗，黄沙甚至能刮到遥远的日本九州地区。所谓蒙古沙尘指的就是这个。由于太阳直射，黄沙反射出刺眼的光，沙子的黄色反射到已经习惯了绿色的视网膜上，给人一种莫名的不祥之感。一行人默默地骑马向前跑着，一种对前途不安的预感袭来，我们快马加鞭，花了不少时间，总算远离了那个沙地。

往前走，是草原，再往前走，还是草原，我们越过一片又一片草原，天地无人，荒漠无边。我们一行三人越来越感到不安，突然好像约好了似的同时停下马来。就在这时，一阵花香迎面扑鼻而来，添田君大叫起来：“啊！是甘草！甘草！”接着早川君也高声喊道：“宝地啊！宝地！”我们眼前出现了好大一片茂盛的甘草，一望无际。有些地方夹杂着古草、防风、黄连和其他药草。添田君和早川君狂喜地从马上一骨碌滑下来，开始采集药草。而我也无法抑制激动沸腾的热血，骑着马自由自在到处狂奔，尽情陶醉在浓郁的草药香气之中。

我们踏着这片草药地继续前行，马蹄溅起一阵阵芳香，我禁不住诗情大发。

---

① 武藏野：指东京都中部地区。

我们在香草中沐浴，还羡慕什么巴黎女人？现在奔驰于百里草药中，不正浸泡于芳香里吗？不能用一句“煞风景”来贬低蒙古。这么宝贵的途中体验就连王侯也求之不得，它只属于蒙古旅行者。

继续跑啊跑，人马皆疲，我从马上下来，躺在草药上。阳光透过甘草叶子暖暖地照在身上，招来睡虫，眼睛不自觉地合上了。眼前漂浮着血红色，又好像变成细胞形状的黑蓝色？变成了……变成了……我的意识渐渐地开始模糊了。

突然，“咚！”的一声枪响，简直要震破耳膜，使我从草地上像上了发条一样弹起来，我敏捷地跨上马，朝发出枪声的方向跑去。原来他们两个人止骑马射击，追赶五六只野狗，我这才放下心来。带着一半玩心，我也跟着追赶起野狗来，可是最终还是让它们逃掉了。后来发现了一头被掏吃了内脏的小马的残骸。

霞湖奇观　废寺惨状

穿越这片草药地，发现西边远远接近地平线处有几缕炊烟。我们一字排开，策马奔向那里。渐渐接近那个村落时，左侧一片霞光延伸到地面，地表浮动，呈现波浪形状，看上去像一片湖泊，也可以说是海市蜃楼。蒙古到处都有叫作“湖泊”（nuur）的地名，所以第一次看到的人都辨别不出真假。

终于到了村里，这个村名叫“包得吐”，有一百户左右的人家。村口有一口大井，一位年轻美女在给牛马饮水。我们也让马休息一会儿。蒙古妇人都很开放，美女为我们打上水。她那红润鲜艳的圆脸和健康的身姿充满了生机。虽然她没有秋樱的那种高雅，但蕴藏着野百合的纯朴。早川君立即拿出兜里的日蒙会话书，向她滔滔不绝地说了很多感谢的话，然后我们骑上了马。

看见村里一户带有临街大门的好像很富裕的人家，我们就进去拜访了一下。留着八字胡须的中年主人，爽快地领我们进入一个房间。正面有一个很气派的佛坛，左右两侧是热炕。一家人煮茶盛情接待了我们。我们送给主人卷烟和随身带的镜子，以表谢意，主人却对我们三番五次地还礼。我来到室外，拿出油画画具，准备画一幅。没想到招来很多当地居民观看，他们一脸不解的表情。明治维新以前日本人把画油画视为有悖天主教的罪行，当时的日本人也像他们这样。

这里距离白音塔拉有三十五里，不知不觉太阳要落山了。我草草完成写生，带上马嚼子，踏上回去的路。马跑得汗淋淋的，不知在哪儿迷了路，来到一个被废弃在原野中的喇嘛寺前。被好奇心驱使，我把马拴在门前，战战兢兢地进去了。墙壁倒塌，柱子倾斜，凄惨之状令人浑身打寒战。进入第二道门往里一看，正面是一个大寺院，门窗已被拆毁。但看上去废弃时间不长。墙上挂着古佛书，这是上天的赏赐，我小心把它收好。正殿后面有个白塔，在夕阳照射下，半面阴影显得阴森森的。突然一股臭气扑鼻而来，往旁边草丛里一看，有三四个和尚的腐烂尸体堆在一起。这肯定是马贼们干的勾当。厨房里还有生过火的迹象，说不定现在这里就是马贼的巢穴呢。如果不小心碰到他们，可就全完了。想到这儿，我们赶紧骑马上路，在天黑前返回了白音塔拉。

白音塔拉滞留日记　访卓亲王府管带[①]

九月八日。野上君来访。经他介绍，前去拜访了卓亲王王府管带李忠元，希望在蒙古期间能得到各方关照。回来途中，顺便去了野上家，野上请我吃肉喝高粱酒，还送给我一些礼物，有女人用的头饰、打火工具袋、鼻烟壶、佛像等。因回家时间太晚，通过市街时，威胁马贼的实弹从头上掠过，差点儿丧了命。

九月十五日。野上君的中国料理店开业，我前去祝贺。来祝贺的有当地的日本人，也有中国的大官僚以及富商们。桌上摆上了二三十种菜肴、五六种美酒。还有五六名中国艺妓在席间照顾客人。我暗自庆幸得到一个不错的素描题材。

九月十六日。自在丸君来访。我们一起到辽河河畔散步。不知什么时候，河水都干了，只剩下一条沙带横卧在河床上。很难想象这就是曾停泊着数百只帆船的辽河的上游。对岸是一片长着芒草的原野，放养着一大群牛，赤黑色的牛背看上去好像翻滚的波浪。

---

① 管带：官名。清末新兵制，海军舰长称“管带”。巡防营与陆军警察队统辖一营的长官亦称“管带”。

马贼来袭警报　私卖吗啡黑窝

九月二十七日。早晨我照例来到井边洗脸，见脸盆里结了冰，用手指没按碎，用砖头一角用力砸，才把冰砸碎。九月在我国还是夏末酷暑之际，而蒙古早已进入结冰期。我让男佣烧上热炕，我盖上毛毯，继续翻阅马可·波罗的蒙古记。男佣跟我笔谈道："现在有人来说，卫兵探实马贼有八百多名，昨日已过汤哥厢，离此五六十里之路，由东北而来欲进此街。"

街上到处流传马贼要来袭击的消息，市民们吓得都关门歇店了。傍晚，一群燕子黑压压地铺天盖地而来。

十月一日。拜访了自在丸君。他两年前投资了两三百元，开了一家当铺，还放高利贷，现在已经积累了万元以上的资本。这个地方一元一天的利息是一钱，有五千元运转，一天就进利息五十元。也就是说，他月收入能达到一千五百元。他最初穿着又脏又破，甚至扣子都不全的衣服，白手起家，靠自己的奋斗，一点一点积累了财富，实在令人惊叹佩服。

回家途中，看见一名叫山边的日本妇女正在做生意。她的店只不过是个门面只有一间半的小屋，挂着的广告牌上涂写的是"人丹"。她穿着中式女装，身材娇小。如潮水般涌过来的中国男人用五钱、十钱跟她买那一小包药。这是偷卖吗啡的黑窝，里面还有五六个濒临死亡的上瘾中毒者正在围着灯注射吗啡。中国人是谜一样的国民，一方面寻找长生不老的仙丹，另一方面又吸食早衰早死的毒素。及时享乐的中国人也很多。因吗啡中毒，每年冬天只在长春就有两三百人冻死在街头。好奇的我去年冬天特地驾马车去长春郊外看那些冻死的人的尸骨。中国太大，时常会碰到让日本人惊心动魄的事。抓住这些及时享乐者，山边每天会收入十五六元的纯利。一个弱小女子来到蒙古也毫不逊色。

窝藏马贼两头目　囊中如洗两空空

十月十日。马贼头目植本彻世和岩部繁作两人被中国官府盯上了，他们来到我这里要暂时躲避一阵。以前都是被马贼威胁恐吓，而这次却颠倒过来了，对我来说真是畅快。总之，这是件破天荒的事。听说两个人带着给某个马贼团传信的重要任务，秘密出来行动，却被警察掌握，不得不返回四平，途中来到我这里。我先把两个头目带到一个房间，关上房门，从里面锁上，然后热了高粱酒。我的画室突然变成了马贼山寨，在这儿听他们讲十二三年来的马贼生活经历。袭击××银行、占领××衙门、××运送事故、××事件，还有最近发生的××暴动等等，都是令人毛骨悚然的事，在最前线指挥这些事情的就是这两个头目。植本还让我看了他胸部被子弹打穿留下的伤痕，自嘲这是××运输事件的从军徽章。

十月十一日。从早晨就开始与两个头目对饮聊天。他们的马跑伤了蹄子，已经派不上用场了，说要把它卖掉。我就让男佣去卖，两匹马一共只卖了十五元。不难想象他们激烈奋战的情景。马都被他们骑成了废马，如同糟糠，只能廉价出售。

十月十二日。两个头目精心乔装一番，雇了一辆马车，离开了白音塔拉。外面淅淅沥沥下着小雨。（后来才知道，在距白音塔拉以北六十里处，两位马贼头目被发现，惨遭在野地里被枪毙的厄运）

十一月五日。每天吃丸子，然后关在房间里，进入像禅宗僧侣似的沉默生活状态。写生箱成了枕头，我成了不画画的画家、不作诗的诗人。法国诗人曾说“说出口就不是第一境界了”，所谓“沉默是金”大概就像我现在这个样子吧。我一直没有确认钱包里有多少钱，就这样痴痴地过了五十九天。今天因钱包太轻，就看了一下，发现只剩下三枚铜钱。从明天开始不得不做一个不吃的画家、不喝的诗人，想到这儿心里有点儿没底。但本人拥有没钱旅行的秘密武器，就来个背水一战吧。我喝了仅剩的一点儿高粱酒，认定天下太平无事。

加入天鬼将军一行　“布施”僧人浑酒

旅费花得一干二净，进退维谷之际，没想到马贼大头目天鬼将军带着白龙、黑风、天马、赤蛇四大天王以及其他五六个小头目来到这里。好像是为了什么秘密调查来蒙古旅行。为了提防官府察觉，故意组成少数人的徒步团队。太幸运了，我立刻申请与他们同行。也许因为我高昂的气势，他们欣然同意了。能进入马贼团当中跟他们一起旅行，作为探险家我也算合格了。不管怎样，这一行人中，哪个脑袋都值三万两万块，都是附带不同悬赏金额的赫赫有名之主。所以，如果被官府知道，即使我拿出写生箱解释说我是一个旅行画师，也是白费力气，不会有人相信的，难免要遭到跟他们同样的厄运。相反，如果遇到马贼，我也是同行，就什么都不怕了。不管怎么说，对满蒙旅行者来说，跟随马贼是比较安全的。

我把所有写生用具装到一辆两头驴拉的车上，于十一月六日出发离开了白音塔拉。一手拿着手枪，一手拿着画具，狐假虎威，感觉格外威风。

横在我们前方的是一片荒漠，是还没有开垦的处女地，成熟文明的冲击还没有波及至此。四周仿佛向深深的海底沉下去一样，涌起一股紧张的气氛。寒冷的雨滴夹着雪花啪嗒啪嗒打在外套上，沉重的雨云向地平线一点一点逼近，灰色的天幕悬挂在空中，就像一场悲剧的背景。一种恐怖袭上心来。

一行人踏着冬季枯萎的平原默默地继续北进。横跨西辽河枯竭的河床，穿越雪白的盐碱结晶荒野，又前行十八余里，来到一家围墙四角设有望楼的富门豪宅。主人叫作“乌鲁嘎梅勒”，拥有八千头牛、五百匹马。蒙古族人的财产是按照牛马的多少来计算的。其家附近一堆堆牛马白骨，不胜凄惨。

距此地三十余里，有个庙叫“二林双合庙”（所有寺院都叫作“庙”），是拥有二百多僧人的喇嘛寺。我们进庙请求留住一个晚上，可是他们含糊其辞，迟迟不肯答应。谈了一个多小时后，总算勉勉强强提供给我们一间屋子住。后来听说是因为头一次见到日本人，觉得有点儿吓人，大家听后不免发笑。到了晚上，和尚们一个接一个陆续向我们来讨烧酒。他们的措辞很有趣：“愚僧都乃出家之身，不能光明正大买酒喝。拜托施主施舍一杯。”说这也算功德。把酒“施舍”给和尚后，我们的酒壶一下子轻了许多。荤酒气味一直飘到山门，和尚们的热血不久也燃烧起来了。

草原燃烧成火海 住宿王府兵营

第二天早上出发之前，我把这个寺院画了下来。建筑风格是藏式的四角四面建筑。砖瓦上涂着圣洁的白色。房檐上部涂着红色，像缠着红头巾。正堂上面是向外反翘着的中国式的人字架屋顶。与众不同，勾起了我强烈的画意。

和尚们早早起来开始活动，铜锣和海螺的乐声相互回应，浑然一体，仿佛猛兽的吼叫声。我们越走越远，那粗犷的回音掠过耳膜。回首望去，二林双合庙好像是被遗忘在远处原野里的一件白色方块物件，越来越小。

走啊走啊，不知走了多远，周围依然是枯萎的原野。一行人开始厌倦了这种单调的行走。“休息一下”的话音刚落，有的人就像兔子似的横卧在草地上，有的互相扔马粪开始胡闹，有的像要开始相扑的金太郎，有的像留着胡须的无所事事的幼儿园孩子。这时，后边突然一道火舌腾空而起，大家不由得吃惊地回头望去，只见黑风君在熊熊燃烧的火焰映照中，手挥短刀，一边做割草的动作，一边说唱道：“远方的听着，近处的看着，我才是日本武尊之末孙也。”

大火临头，这帮人也慌了起来。赶紧把马车推到火向上方。烈火在干透了的草原上熊熊扩展，呈现一片火海。火焰一直追赶我们有一里多远，终于在草原边上的沙漠地带停了下来。但向南面烧去的火焰大概一直烧到了地平线吧。真是一场杀伤力大的恶作剧。

天黑了，我们去达尔罕王府兵营借宿。昨天来了十五六名马贼，这附近被盗走了二十多匹马。为了讨伐马贼，士兵一个没剩全部出动了。兵营内是空堂。我知道蒙古兵完全是为了防御马贼而设置的，只具备军队的形式，其实兵力极弱。蒙古全民皆兵，男子从十八岁开始就终身是兵，一旦发生战事，有义务立即奔向王府，听从召集。但兵器是自费负担，所以有的穷人只能将就用简单的火绳枪，不过骑的马个个都是骏马。队长给了我们肉汤烧酒等，吃完后，在宽绰的炕上暖暖入睡。马贼住在兵营里，这也够稀罕的。

参观王城　沉入沙丘

拂晓出门去参观王城。在长宽一里见方的榆树林中，四面是砖瓦高墙的区域就是达尔罕王城。因王爷去北京参见，所以我们没能见到王爷，护卫带领我们参观了城内。

进入正门首先是深丹青色的正殿。旁边空地上阳光照射充足，安置着三个圆形帐篷似的蒙古包，这是王族的生活区域。没想到王族在帐篷里过得如此简单。再向里去只有一个喇嘛寺和两三个建筑物。王城极其简易，仅仅在维持着小如鸡冠的权威罢了。我把王城风景用两三笔描画下来，又继续赶路了。

我们从这儿向东南沿着平原前行，不知在哪儿走错了路，眼前出现了一个大沙丘。波涛状的沙丘蜿蜒重叠，埋没大腿，估计很难通过。试着选择比较平坦的地方走，也不知为什么又转回了原地。这样下去，不管走多少天，都会像栅栏内的跑马一样。想打退堂鼓按原路返回已经是不可能的，我们十几个臭皮匠也没有想出一个诸葛亮的好主意。

我突然联想到官员每天做着同样的工作直到退休，不就跟绕这个沙丘是一回事吗？眼前浮现出几个我熟悉的官员的可怜面孔。不过现在哪儿还顾得上别人的事啊。我登到最高的沙丘上，一只手遮着光，像仁德天皇①登高远望那样，可是眼前茫茫一片，不见人烟。总之，我们决定即使方向不对，也要选择距离最短的路径走。一行人推着马驴车，踩着沙丘，其实倒不如说是游在沙海里，花了很长时间。想往前移动的时候，人和马就好像要沉进去。中国有担心大陆沉下去的故事，原来确实如此啊。

我们终于来到了草原。天完全黑下来，天上的小星星，一个、两个……陆陆续续开始闪烁。腿脚疲惫，肚子饥饿。还要走多远才有村落？天黑道远，大家垂头丧气，在黑暗中又走了三个多小时，终于到了四家子村，这里有三十户左右的人家。我们叩开一户满族移民的家门，用鸡肉汤和馄饨填饱了肚子。

---

① 仁德天皇：日本第十六代天皇（313—399 年在位）。

游戏劳动 和尚三千佛一千

第二天，我们跟太阳一起启程。过了西九家子村，看见一户农家，用绳子拴住十二头牛，让牛绕圈碾炒米（蒙语叫“huurai badaa”，是一种半野生黍子）穗子。一般来说，未开化地区人们的劳动都有游戏的成分，而文明人的游戏反而带有劳动色彩。所以，棒球、赛艇之类过于激烈的游戏在蒙古是看不到的。

在平原上走了一整天，晚上到了帽儿庙，这是个有三千僧侣的喇嘛寺院。

我们决定第二天在此地停留，好好参观一下。寺院建筑是用黑砖砌成的四角形建筑，外部涂着白色，上部边缘镶着红色。正殿是有一百间的四面三层楼建筑。顶部是用混凝土抹上去的，里面设有走廊。从房顶眺望，以正殿为中心左右各设有一个很大的两层楼建筑。其背后排列着四五百间僧屋，好像一条市街，即喇嘛街。荒凉的平原正中间，建成一座如此宏伟的寺院，佛教威力之大令人惊叹。正殿大堂并排放着足可以坐三千僧人的坐台，里面的佛坛上，排列着十五六尊等身高的佛像，金光灿灿。其他三面墙壁上装着玻璃橱柜，摆放着一千多尊一尺高左右的小佛像。和尚的数量多，佛像的数量也多。这么多佛像，拜哪个好呢？我犹豫得不得了。

挥舞牛刀的喇嘛僧　配备专车的大喇叭

一听到海螺号声，全体和尚就到正殿开始诵经。这里的乐器都很奇特，长七八尺的铜制喇叭算是小的。有个喇叭长三间多，前端装在车上，配备专车的喇叭真是天下无双。奏出的乐声如灵马嘶叫，天象怒吼，粗犷而凝重，很刺激神经，加上与直径有四五尺的带着扁平台座的大鼓合奏。铜制的盥、印度传来的笛子、海螺号、小铜锣，还有锵、钟等大乐器，通过用肉粥滋养出来的和尚们的喉咙和手腕用力地演奏，宛如百兽齐吼，雷阵轰鸣，一时天崩地裂，狂热到极点。

诵经结束后，和尚们就在原地开始吃饭。他们各自从怀中掏出木碗，二三十个和尚把做好的肉粥用提桶抬过来，不停地往木碗里盛粥。门口有监督的大和尚，手拿三尺左右的扁平喝棒，大声叱呵着小和尚们快点儿搬粥，偷懒就会突然被打三十棍，所以，那忙碌的情景看得我头都发晕。吃完饭，和尚们伸出舌头来回舔木碗，然后又把它放回怀里，悠悠离开正殿。

蒙古是佛教盛行之地。除了继承家业的男子之外，男人大多都当和尚。生活来源都是家里提供。所以和尚多的家庭对乡党很傲慢。男子当和尚是最高的荣誉。现在，北方优势弱化，万里长城也成了无用之物。蒙古就是因为喇嘛僧而衰弱了。成吉思汗和忽必烈是不是在地下埋怨释迦牟尼呢？

我们花了八十元在寺院里买了两匹马，一行气势强大起来。随着向蒙古内陆的深入，从白音塔拉带来的翻译越来越不管用了，后来又招了一个新翻译。而从这里开始两个翻译都不管用了，他们对前途感到很悲观。但我正因为是新手马贼，虽说这次旅行很困难，我总认为是可以克服的。在盟老庙住了两宿之后，一行向开鲁突进。穿过有二十五六户人家的庙西营子，前方出现了一片洁白的盐碱地。用手尖在二尺见方的地方就撮了两升多盐。这个天赐宝地就被这么丢弃，真够可惜的。我不由起了名利之心，但要是去掉把这些盐运到铁路沿线的运费，不知道能剩下多少纯利？这一点我这个画家就估算不好了。

酒吞童子赤脚逃走　参观往昔王城内铠甲

落日接近地平线，天地被染成浓浓的色彩，大陆的夕阳之美达到了极点。在这个大背景下，马贼头目带领一队人马，静静地前行。我稍稍落在队伍后面，沉浸在这无限的美景之中，一步一步地拖着疲劳的脚步。马贼和艺术家是多么不可思议的对照啊！

当晚，到达一个名叫“奥仑湖”的孤村，我们到其中好像有点儿富裕的人家投宿。要了一头山羊，有个姓袁的小头目用熟练的手法，“扑哧”一声切断了羊头，鲜血咕嘟咕嘟冒出来，他接了一碗“咕——”的一口气喝干了。平日砍人的脖子如同切萝卜一样，对这帮马贼来说，宰一只羊不就跟捻一只虱子一样吗？袁君性格非常豪放，不屈服。另一方面他也很诙谐，唱歌是他最拿手的，音乐、舞蹈都会，是所谓的刚柔兼具的人物。旅行结束后，他在公主岭被捕，遭到枪毙。站在断头台上，他放声高唱一首最悦耳的哀歌，从容死去。

宰山羊的袁君虽不是花和尚，但大家却像梁山豪杰似的围坐在一起一边吃炖全羊，一边呷着烈性高粱酒，那情景连酒吞童子①看了都会赤脚逃走的。

第二天，我们照例在天亮之前出发。西北寒气正面扑来，胡子上都结了冰碴。回头看看头目们的脸，鼻子下都挂着两根冰棒，简直就像傻子观光团。

穿过农耕地带，通过船营子村，到了卓里克图亲王城。听说王爷驻留在北京，所谓的总理大臣用肉汤加上炒米款待了我们，并带我们参观了城内。构造跟达尔罕城如出一辙。没什么特别想画的，但是城内有个非常壮观的喇嘛寺庙不能不看。

佛像跟在帽儿山看到的没什么差别，只是这里藏有蒙古自古传下来的铠甲以及弓矛等，跟《元寇画》中看到的一模一样。想到日本也曾遭到蒙古的侵袭，我好像胳肢窝被挠了一下似的露出一丝冷笑。

告别王城，穿越大榆树林子，通过西营子村，不久来到杨地窝棚。这里是个只有五六户人家的贫穷村庄。我们分住在三户人家。皎洁的明月悬挂在天空，清澈透明，驴马的嘶鸣宛如亡国的哀调。

---

① 酒吞童子：日本传说中的魔鬼头领。红颜短发、赤毛熊掌，头上有五根角，六米多高。能喝酒。

大陆灯塔　十二元变卖车马

早上起来一看，从帽儿庙买来的白马逃走了，真不得了。当地人也都帮着找，可是没找到。大家一致认为它一定是逃回家乡帽儿庙了。我们决定打发翻译和马童回去。因为这件事我们的启程时间晚了很久。

我们穿过一片已开垦之地，过了一个废弃的喇嘛寺庙，翻越一个丘陵，望见南方开鲁塔遥遥地高耸地表，简直就是大陆的灯塔。在这荒原上，它成为有人生存的标志，人家在荒漠的大陆上就像茫茫海洋中的一个岛屿的影子。

我们赶了三十里路，终于到了开鲁。市外环绕着战壕土壁，人口约七千，是纯粹的汉族人市街，还没有一个日本人住在这里。我们从东门进去，投宿到西门外名为“天合栈”的一个大客栈。

上来了米饭，我们大口地吃起来。驻留三天后要出发之时，一看收据，吓了一跳——一碗八钱，共吃了四百八十碗，一共三十八元四十钱。来到蒙古内陆连米饭也不能冒冒失失地吃。

第二天，杨地窝棚的百姓发现了跑失的白马，给我们牵了回来，真是个热心的人。在开鲁，我跟头目们一起拜访了知府张知事阁下。他是位三十五六岁的年轻知事，温文尔雅，对书画很感兴趣，藏画三十幅左右，每一幅都很具欣赏价值。

因为去帽儿庙的两个人还没有回来，所以我们不得不在这里再住上一天。头目们围着随身携带的折叠式棋盘下起了围棋。我到市中心画了几幅素描。

这之后我们得尽快赶路，所以决定每月花一百元，雇两辆两匹马的带篷马车。原来的两头驴、马和一辆车仅十二元就卖掉了，然后买了面粉、高粱酒和其他日用品，做好了再次出发的准备。我是马贼从军画家，所以一切都蒙军费的恩典。

巡查护卫马贼　柳条编制稀奇圆房子

从今天起，我们开始威风凛凛地坐马车旅行。比老百姓当上大名①还高兴呢。张知事费心派了一名骑马巡查来护卫并给我们带路。巡查护卫马贼实在稀罕，但还是不让他们知道我们的真相为好。我们一行人绝不是悠闲的游历之辈，观察记录地形的天马君在马背上用铅笔飞速地在格子纸上画着地形；物价调查员赤蛇君记录下每个村子的物价；其他还有矿物调查员、牲畜调查员等，分工明确。可以说一草一木都不会放过。因为这些人是有目的的旅行，而此时巡查陪同反而成了障碍了。

途中遇见一支骆驼商队，每个人驾驭五峰骆驼，最前边的骆驼脖子上挂着铃铛，叮咚叮咚地在大地上缓慢前行。这情景看上去是多么悠然自得。

这一带放牛的特别多。绕过树木丛生的沙丘，通过拉麻花，又走了三十五里，到达一个名为“扎兰营子”的汉族移民村落。我们在马栈休息并给马喂了粮草。汉族小商贩在大道边摆着日用杂货。

继续向南过了富家湾子，是一片甘草丛生的原野，茫茫无边。午后三点四十分，到达套海营子，投宿一家汉族人经营的马栈。今天经过的都是以农耕为主、随处可见零星人家的地方，半数以上是满族和汉族的移民村庄。种植烟草的很多，在路旁到处能看到割完烟草后剩下的根茎。几堆野火烟气冲天，非常壮观。马栈后边有一个用柳条编的圆形笼子，笼子外面涂上泥土，就成了稀奇罕见的圆房子，于是我把它画了下来。看见一个贫穷的八九岁的孩子，在这样寒天冷地里光着脚，我就把我的旧裤子给了他，他高兴得跳起来。晚上大家吃了手擀荞麦面条。

---

① 大名：拥有领地和部下、势力强大的武士。

放牧骆驼群　千百鼹鼠包

我们于黎明出发，残月依然光照大地，宽约三百间的辽河沙床横在面前，河岸是长长的沙丘堤坝，长满了茂密的柳树和灌木丛。路过有两百名和尚的布鲁台庙时，太阳才升起来。这一带榆树很多，从冬季干枯的树间隐约可见喇嘛寺白色的墙壁，这是个舍不得放弃的风景。沙丘的走势向南凸出，上面耸立着一座敖包。

枯草原野上放牧着一群骆驼，每七八头组成一队，吃着干草的骆驼隔一会儿就伸起脖子望一望我们，好像在为我们送行。蒙古的气氛越来越浓。绕过沙丘，走了五十里，来到曼旅庙。这里现在已是废庙，成了热河巡防队的驻屯所。可叹法鼓声绝，庙宇失去了往日风光。

在一旁的马栈休息片刻，我想从房顶上把废寺画下来。画了一会儿，手指冻得失去知觉。荒原一直连着天边，远处放着几千头牛。持续数里的沙丘呈现出蔚蓝色。

给了那个护卫巡警三元小费，让他送我们到这里即可返回，巡警平身低头说“多谢多谢”。小费是他们的惯常收入，可是能从马贼身上得到小费，一定是万幸之至吧。从这里走过一片盐碱地，见二尺来高的鼹鼠包好像土馒头似的，足有几百个。有的鼹鼠包大得令人吃惊。听说这一带冰冻八九尺深，那些家伙钻得比这个深度还深，便堆起这么大的土包。

一只老鹰停在沙丘一角。白龙君用手枪打了一枪，可是没有射中。又走了六十里路，来到五家子庙，庙好像五六年前被中国兵破坏了，平原上的废寺庙很有画趣，是素描的好题材。我们在附近的一家马栈住了一宿。夜里，熊熊野火在南边天空燃烧，壮观极了。

千里杨柳林　无数野鸡兔

我们依旧在清晨出发。昨天沙丘一直在左手边，从现在开始要进入约一百里长的杨柳树林。经历了几百年的老杨柳树，在荒凉的蒙古大地实在罕见。马车通过结了冰的河，坚冰冻得很结实，根本压不碎。今天是十一月十八日，气温是零下十五六度。在树林间穿行三十里左右，来到一个只有几户人家的汉族村落，名叫“围西子”。他们砍伐树木，然后耕田种地，在这里，我们看到了很多割完的高粱秆、烟草茎等。

走不多久，到了辽河河畔。河宽约半里，水势浩荡，河水中间结了冰，真是不可思议。昨天横在面前的这条河的下游一点儿水也没有，是个三百多间的干枯河床。在十二三天前渡过的下游是三十间左右的沙床。其上游水量很大，河水滚滚流下，下游却渐渐变窄。打开地图看了看，从这里开始河流渐渐变细，到郑家屯一带，稍稍宽一些。这都是由于横卧于此的东边大戈壁沙漠把水吸走了的缘故，到下游水量就越来越少了。冬季更是一滴水都没有，都被沙漠吸去了。

我们继续向树林深处行进，见左侧有一座寺庙，已失去了昔日的样子。一片片杨树林之间是一块块已经被开垦的土地。

前行六十五里，到达爱牟营子，在马栈吃过饭后，画了一张画。然后继续在树林中行进，穿过树林后走了二十五里，来到河畔。河水淙淙，潺潺流动。进入蒙古以来，渡过了多条江河，但还是头一次听到潺潺流水声。河水对岸依旧是一望无际的杨树林。

道路又回到沙丘，行进变得困难了。割掉谷子后的田地上，野鸡成群，兔子来回跳跃，可谓爱好打猎者的乐园。天黑下来，在河岸沙丘上的一个孤村嘎嘎营子的马栈住下。对岸沙丘起伏，好像湖面一样，勾起我强烈的写生欲望，但暮色已将远近都包围在晦暗之中。

晚饭香香地吃了一顿野鸡汤荞麦面，大家肚子都吃得鼓鼓的。开鲁以南能随时吃到荞麦面，这可救了我们。蒙古是沙地，所以荞麦特别香甜。大家笑着说，把这儿的荞麦带回东京，挂起幌子开店，称马贼手擀蒙古荞麦面，一定会让更科荞麦面①店倒闭的。

---

① 更科荞麦面：日本江户中期以来的手工荞麦面条，拥有几百年传统。

人推马车　初见石头

我们依旧天没亮就出发。沙丘接壤辽河之处，出现四五十尺高的悬崖。车从上面经过，非常危险。月光下，看得见河宽有二三十町，水流分为好几条分支，对岸的沙丘起伏不平，好像骆驼背似的。

绕过沙丘左转处，有个村子叫“扎坎都”，有十来户人家。这附近竟发现了罕见的石头。这是进入蒙古以来，第一次看到石头，由此我们知道距离山地越来越近了。我捡起五六个石头装进衣兜。从这里开始我们要越过一个非常陡的沙丘，沙子埋没车轴，马拉不动车，一行人只好下来推车。这里的沙子跟金刚砂一样漂亮，我用纸包了一捧，装进衣兜。自己并非博物学专家，衣兜里塞满沙子和石头，也怪可笑的。我们从一个沙丘上下来，接着又上另一个沙丘，反复数次。从高处向南眺望，腾格里山朦胧可见，俯瞰眼下有三百多僧人的羊羔子庙，风景很美。过了庙头答子，到达汉人居住的北山根，在那里吃了饭。

从这儿开始又穿越了一大片耕地。眺望左侧的孙家磨坊村，通过狍子村、柳树屯等移民村落，又越过沙丘。路旁有很多挖过甘草后留下的坑穴，甘草时价好像是一百斤七元。眼前突起的是赤黑色的山岳鼻子，中景是向西蜿蜒的大沙丘，远处是若有若无、朦朦胧胧地呈现淡蓝色的兴安岭。太阳落下时，我们到达了新窝铺，这是个有着二十几户人家的移民村落。今天行程有八十里。

辽河上流的渡船　汉族移民的力量

早上我们依旧在朦胧的月光下整装出发。下了山丘，过了黄阳湾村，到达汴海。这里住着一户带有土墙望楼的富豪。再往前到曲家湾子马栈吃了午饭。背后是山丘，前面是平坦的农耕地。穿过这里，就到了辽河上游的老哈河。河宽不过四十间左右，可是岸边结了冰，渡船不能随意靠岸。船夫们忍着严寒，进入冰河中搬运货物、背人、把马车推上岸，一阵忙乱。我们一行人登上对岸足足花了两个多小时。马儿们可是没有这么幸运，十五六匹马伸着脖子、露出头过河的样子可谓奇观。马儿们在寒冷的河水中也怪可怜的，不觉感到一阵同情。

从岸上向东北远远望见二王爷城。峰峦起伏连绵向西南蜿蜒。越过马莲厂村背后的陡坡，到了四道沟（有十八九户人家），傍晚到达三道沟（有四五十户人家），在三道沟马栈住下，一天行程约八十里。今天通过的都是汉族人移民村落，他们强大的开拓能力，令人连连吃惊。第二天一大早出发，走过二道沟，感觉道路渐渐向高原延伸。右边是一个缓坡山丘，绕过山丘是头道沟，只有两户人家，但前面的农耕田地却是广阔一片。东南方雪峰连绵，山脚下闪耀着老哈河。下了山丘，到达红海子（有二十户人家）。这里农作物丰盛，产谷子、高粱、大豆、芝麻、甜瓜、西瓜、南瓜等，品种繁多。

走了三十五里，到了小哈拉道口，是个有五六十户人家的小镇，小镇四面环筑城墙。我们从南门进去，在马栈吃了午饭。有一家名为“东瑞升记”的大杂货店。市街远处山峦环抱，风景实在不错，我便把它画了下来。

出北门向西拐，一条宽四五间的小河上架着一座小桥。这是进入蒙古以来第一次看到桥。水声、石头、山影、小桥，从昨天开始遇到了四种进入蒙古以来第一次见到的东西。越过丘陵，经过鲔离堡、胡同、五家子、房身、那清沟等村落，天黑时赶到烧锅地，投宿马栈。行程达一百里，通过的地区都是汉族移民的农耕地带。

已开垦之地的生产额　未开垦之地能量无限

蒙古的农耕地并不次于东北平原，但蒙古族人极其轻视农业，结果蒙古农耕地都转到了勤俭的汉族移民手里。汉族移民扩大耕地的同时，游牧的蒙古族人也渐渐地退到西北部。现在，像卓索图盟这样的地区完全成了汉族人的居住地，只剩下蒙古发音的地名了。哲里木盟、昭乌达盟的一大半都被汉族人居住了。过去蒙古族人的放牧地带很充足，像长春、昌图、怀德、伏龙泉、郑家屯等，现在都成了著名的农耕区。经过此地的人，无不为汉族人的进取能力与蒙古族人的退化状态而感到惊叹。

蒙古地区的汉族移民开垦地已经达到两百万町，其收成每年有千百万石。这也是至今为止的旅途中，到处可见汉族移民的道理。然而这些开垦地与尚未开垦之地相比，只不过是九牛一毛而已。此间看到的被开垦最多的卓索图盟，实际已开垦之地还不到整个面积的百分之二十，其他地区都是平坦的原野，未开垦的肥沃土地有几千里。巴林左旗以及阿尔科鲁沁西北部（这是后来考察过的地区）位于兴安岭山脚下，地图上看上去是山峦重叠，实际只是有很大缓坡的起伏地带。我们了解到这里到处都是适合农耕的土地，蒙古东部的农耕开垦事业前途远大。

现在东部四盟的农作物收成，其总额约一千一百万石，其中高粱占了三百四十万石，谷子占二百六十万石，大豆占一百一十万石，粟子占一百二十万石，小麦占三十六万石，大米只在达赖罕旗、博王旗、郭尔罗斯前旗生产，约产稻子七万石。

对于将来如何开发农业，我认为在维持蒙古现状的基础上，日本人作为劳动移民是不可取的。要想经营蒙古农业，应该利用中日《满蒙条约》中的土地商租权，持大资本占有广大土地，作为地主统治朝鲜人以及汉族移民。因此，不能经营小农耕作，而应采用美国式的大农耕法，直接雇用汉族移民和朝鲜人从事农耕，才会取得成功。盼望着将来蒙古农业大发展时刻尽快到来。

挂国旗卖吗啡　胆小鬼留学生

一行人踏着镰月残光匆忙上路。这一带是大片大片的农耕地。过了东三屯、八家子、老爷庙等村落，到了辽河支流的英金河。渡过英金河上长约四十间的土桥，经过后西营子，到达榆树林子村。村头有个很大的庙，庙内有很多棵大榆树。村名就是由此得来的吧。

越过一个大沙丘，中午到了赤峰。赤峰人口三万，有日本领事馆。从蒙古东大门郑家屯出发是九月四日，已踏着荒原行走了七十八天，十一月二十二日终于到达蒙古南大门赤峰。头发长了，衣服破了，什么画师呀马贼呀，一个个都成了憔悴不堪的模样。

我们投宿的客栈前面聚集了一群汉族人和蒙古族人，他们好像看怪物似的打量着我们。有个日本人终于认出我们是日本人，赶忙转告住在这里的十五六名同胞，又返回来问长问短："一路辛苦了吧?""你们是从哪儿来的呀?"等等，好长时间都没有听到过日语的问候，我心里热乎乎的，深感同胞之情。可实际上，他们都是热衷小利的狡猾奸诈的日本人，在大陆民族之中被他们认出来反而令我感到不快。难得在诗一般的国度中自由旅游，悠闲开阔的心境在这里被他们戛然打住。

作为民族发展的先驱者，我对他们致以崇高的敬意。但实际上他们在这里针锋相对地争夺一点儿小利益，在当地人民心中埋下了排日情绪的种子。而欧美人则采用软刀子谋求大利益的政策。对蒙古族人来说，日本人的做法好像五月的苍蝇，让人感到讨厌。而欧美人的做法让他们感觉舒畅，所以他们信任欧美人。赤峰的日本人十分之九点九都是偷卖吗啡的。他们租借一间破旧的九尺门面店铺，每家店铺还挂着日本国旗，靠舔食那些将死的吸毒者的油水生存。我没有资格对偷卖吗啡的人说三道四，但看到挂着日本国旗，偷卖国家禁止的吗啡，总忍不住要发几句牢骚。

还有一件关于国旗的事情。锦州和赤峰之间的旅行者，每个人都手拿一面国旗，简直像大孩子们在野外郊游。其理由好像是为了防止马贼，提醒马贼"我们可是日本人啊"。看到原本代表帝国的崇高的国旗，被乱用为偷卖吗啡的店铺的幌子，以及"防止马贼"的牌子，心里总觉得很不舒畅，便对同胞们的一点毛病发了几句牢骚，不过并没有什么恶意。

另外，这一地区的K县有五六名留学生。他们说害怕马贼，连一步也不敢离开市内。见到我们便问："马贼到底是什么样的？你们见过马贼吗?"大家苦笑地回答"没什么，就像我们这样吧"。尽管如此，他们还是比那些顺着铁道沿线，打着视察满蒙的大幌子，到处吃喝玩乐之辈要好。

两个月的泥球 日本制的勘忍袋

我们匆匆赶进饭庄。米饭跟日本的大米相比，质量有天壤之别，即所谓的南京米。尽管如此，渴望米饭的胃口还是得到了满足，肚里的馋虫总算稳定了下来。现在要收拾一下攒了几个月的污垢了，吃完饭赶忙进了澡堂子。畅快地把全身都浸泡在浴缸里，让搓澡的服务员搓澡。服务员每搓一下，就发出“哎呀”一声怪叫，再把手巾抖一抖，像兔子粪一样大的泥球掉到地板上，连本人也觉得有点儿惊讶。服务员停下手，叽里呱啦不停地叫着，问旁边的翻译，知道他在嘲笑“日本人的皴太厚了！”被他们笑话，越发感到旅途的悲哀。庆幸的是，卸掉了一身污垢，身心感觉格外爽快轻松了。

在赤峰要停留两天，我挑着画箱到市内散步。这里不愧是蒙古物产的集散地，街市生机活跃。从繁华的大街来到北面的小街，再沿着破旧的土墙向市郊方向走过去，到了一个妓院，照例有缠足红颜妓女站在门口招呼客人，非常富有异国情调，我立即拿出铅笔画起来，正画得入神，忽然陷入娘子军的包围之中。我拼命逃离出来，穿过市街，来到英金河畔。

河流对面耸立着一座红岩山，余韵蜿蜒与兴安岭重叠。我很想把这一宏大的风景画下来，但写生板画不下，便把目光转向市街，准备以清真塔为中景画一幅。画着画着，突然周围筑起一堵乱七八糟的人墙。我大声怒喊着：“看不见，不行！”但不起作用。我挥动着画具做出要画画的样子给他们看也不管用。我认真起来，开始用眼睛瞪他们，而他们却一点儿反应也没有。我开始一边骂着：“混蛋！混账！”一边扔石子，他们一时“哇”地一下离去了，但不一会儿又聚集过来。好不容易在调色板上调好色却落满了灰尘。我这个日本制的堪忍袋①再也忍耐不住，一下子爆破了，我从衣兜里掏出手枪，朝天空放了一枪，在这高压威吓之下，他们终于四散逃走了。今天第一次遇到为了画一幅画儿使用手枪的事，万万没想到我的手枪不是在马前，而是在画具前起了作用。

---

① 堪忍袋：比喻不能再忍受。

龙卷风来袭　玻璃制鞋

从赤峰启程是十一月二十五日，由此开始我们将沿着兴安岭山麓向北行进。什么防寒用具都没准备的鲁莽的一行人，究竟是否能穿越零下四十度的寒冷天地呢？当地的日本人皱着眉头替我们担心，一直把我们送到市外，为我们的前途祝福祈安，一行人被这种温情感动得流下泪水。昨天还轻视他们奸诈呢，今天又觉得像与好友分别一样。我对自己在不同时间、不同场所的心理状态如此骤变感到莫名其妙。

大家挤在两辆马车里，渡过英金河，来到一座丘陵前。很多道车辙随意地刻在地面上，路非常宽阔，马车轱辘留下的印辙一眼望不到头。地面本身就是大道，所以蒙古的道路可以说想从哪儿过就能从哪儿过。据说三条是县道，五条是国道，与我国狭窄小气的道路风格截然不同。这段路程跑得实在舒畅快活。现在好像正是农作物的运出时间，拴着八头牛马的大货车，接连有好几百辆。无数的骆驼商队，简直是奇观，这充分展示了大陆的风光。

左侧望见不远处的红山奇峰，右侧是名不虚传的兴安岭，其间是辽阔的赭褐色的平原。平原上放牧着几千只雪白的羊。有“蒙古富士山”之称的平顶山拔地而起，高耸入云。风光非同寻常。我们顺着招素河畔行三十里，到达兴隆庄。离天黑还早，但是寒风刺骨，所以进了一家马栈住下。室内正在燃烧羊粪取暖，火力旺盛，但刺鼻难闻，我们就一直闭着嘴。

第二天一大早，我们迎着从兴安岭上吹下来的山风北进，行了二十里，来到小木道沟。炊烟缭绕，茅屋令人着迷，此景勾起我的画画欲望，但是要从衣服兜里掏出铅笔，哪怕手只伸出一寸，指尖就会冻得失去知觉，只好放弃，继续往前走，要通过两岸凹成直角的招素河干涸的河床，简直就像走在战壕里似的感觉。

跑了六十里，到了四道沟梁，照例在这里一起吃了早饭和午饭。背后是崎岖的山路，感觉越来越接近山地。一行人继续赶路，爬到一个道路非常迂回的山岭顶上。这一山系虽不那么高，却是英金河流域的分水岭，招素河的源头。

向远望去，东北部沙漠刮起了龙卷风。螺旋形的沙柱卷向空中，突然龙卷风上部崩散如伞状，沙尘茫茫，太阳也失去了光辉。我们像踏着夜路一样不安地下了岭坡，走过一片农耕地，来到一个移民村落，遇见一队人，他们打着画有老虎的旗子，边走边演奏着唢呐、横笛、铜锣、木鼓等乐器，好像是迎亲的队伍。新郎坐在马上，头戴红帽，腰系红带，像值日军官似的，从右肩向左下挎一条红布。因此这一带把喜事叫作“红事”。我正描绘着这一异样风俗之际，没想到马车走远了，隐约只见一行人马在平原上变成一粒豆子大小。

我从后面一直追下去。不知在哪儿迷了路，眼前是一条宽约二十间的河。河水当然结冰了，但河流很急的地方冰很薄。我轻轻地踏上一只脚，糟了！马上把脚拔回来，可是防寒用的毛毯长靴一下子变成玻璃鞋了。因为寒气太冷，水汽还没有浸到里面就被冻上了。即使靴子里只进一滴水，也是免不了冻伤的。在寒冷的地方正因为寒冷才得到了保护，令人叫绝。我一边拖着玻璃靴子一边爬过了冰河，体会着如履薄冰的处境。

我终于跑着追上了一行人马，再次成为车上一员，坐在车上一边四处眺望一边悠悠行进，来到了刘家营子。村周围有土墙环绕，四角设有望楼，宛如一座王城。距今二百年前，一位姓刘的汉人到此开拓，子孙繁荣，成为数百人的一大家族，现在是一个大村落。这一带蒙古族人渐渐地去了兴安岭的山里。东蒙古的面积有七万五千平方里，二百万人口当中，汉族人有一百二十万，蒙古族人仅有八十万，平均一平方里还不到三个人，其衰退程度超出想象。当晚，我们住宿在汉族移民村落的蛮子分村。蛮子分村约有六十户人家。

前途感不安　马夫吃铁拳

天还没有放亮，就被往马车上装东西声给弄醒了。爱睡懒觉的我实在感到难受。枕边响起铁瓶子叮当的声音，我不禁怀念起在日本旅行时，旅馆女服务员把拉门轻轻拉开一条缝，塞进晨报来叫醒客人的情景。连自己都不清楚自己到底为什么来到这样的地方，不惜性命地不停旅行。如果一行人被官府知道是马贼的话，是免不了立即被枪决的。即使不被官府发觉，我们是否能抵御得了这严酷的寒冷呢？总之，我们面前摆着的两条路，如两条黑暗的沟渠。也难怪从白音塔拉和帽儿庙各出现两个掉队的，或许他们早有先见之明。可已经来到这里了，现在再返回去已是不可能的了。一行人破釜沉舟，下定决心，能走到哪儿就到哪儿……到赤峰的时候，大家还热烈地讨论要不要返回，而现在没有一个人再提起这个话题。只有马夫好像隐隐发觉这是一帮马贼，借口说马瘦了、车坏了，甚至说肚子疼等，编造各种借口，想方设法要回去。而每次都会遭到头目们的铁拳，他也只好不情愿地快马加鞭了。

越过一个缓坡沙丘，渡过冰河，在木家店吃了午饭。此时刮起沙尘暴，天昏地暗。通过西太道，下了沙丘，又出现了平原。右侧仰望笔架山奇峰，左侧眺望河南营子大村落，午后四点到达乌丹城。这是有五六千户人家的最后一个汉族住地，还没有一个日本人住在这里。

把一切都放到一边，先跳进浴池洗掉浑身的灰尘。不论是眼睛还是鼻子，凡是有孔的地方都进满了沙子，费了好大的劲儿才把沙子彻底冲洗干净。我担心胃里是不是看上去像鸡的砂囊一样装满了沙子呢？决定回去多吃点芋头清除沙子。洗完澡，我们去饭店吃了肉，喝了高粱酒。

速成原始人　拜谒蒙古王

这里越来越接近纯蒙古地带，所以花了半天时间，进行了第三次整备待发。毛皮手套、毛皮袜子、毛皮帽子、毛皮围脖、毛皮外套等，从头到脚，都用毛皮裹了起来，这下可算进化了。失去了毛皮的人类简直傻透了，不能不说人是退化了。借用山羊皮，重返原始，费用每人二三十元。从保持原始习性的野兽的角度来看，我们人类被笑话成叛变的家伙也无话可说。中午离开乌丹城，踏着草原继续北进，天气风和日丽，好像六月暖洋洋的。有几千头牛马放牧在远近各处。遥远的东南方地平线上浮现紫色的山脉，天高地阔。踏上未被文明浸染的这块处女地上的心情，是难以形容的。

行进二十里，到达东翁牛特王城。我们被带到殿堂。王城西北靠山，东南面临平原。四面约五十间，筑有砖瓦围墙，左侧有喇嘛寺，右侧是高楼，很美。六十岁左右白发童颜的总理大臣出来接见我们，端上茶果，犒劳远道而来的一行人。不久便允许我们拜见王爷。我们脱掉原始人服装，露出瘦弱的脊背。要知道有这样的场面，我至少要准备一套礼服加上丝绸饰物，来保持一等国民的品位，可是现在后悔也来不及了。

没有任何预先通知，王爷亲自前来。觐见王爷三拜九叩的场面，实际上是我被剪掉脐带以来的第一次，当然非常惊讶。一般故事里出现的王爷都是一手握着美髯，一手抚摸少年的头，不让对方等待就会奖赏对方。可是今天恰恰相反，王爷竟是一位十八九岁的少年，一行人却是满脸胡子的大兵。贸然拜访，首先简单行礼致谢。献上名片，然后退回一步。王爷也赐给了我们名片。其职位名称相当长，写着“昭乌达盟东翁牛特旗扎萨克多罗达尔汉岱清王拉心旺楚克”。比日出之国①的天子的名称长四五倍，我不禁肃然起敬。

王府里设有协理台吉（辅佐大王处理旗务）、管旗章京（庶务长官，掌管一旗之事）、梅林（奉协理、章京之命，处理庶务）、扎兰（参领务）、骁骑校以及笔帖式等各级官职。一旗内的行政、军事、征税、服役等一切统治权力，都是从这个五十间大的王城中传下去的。

我们通过翻译跟王爷谈话。王爷提起：“听说日本先富国后强兵，很想到贵

---

① 日出之国：指日本。

国去考察考察。”接着谈到日本人的豪侠，谈到国事方略等。不愧是继承了成吉思汗热血的年轻国王，表情时而痛苦时而亢奋。王爷的悲愤不是没有道理。当年作为北方的强者，震撼全世界的蒙古民族，清朝历代政府利用他们的宗教信仰，剥夺其财产和智慧，阻止其繁荣和发展，最终使其民族固有的彪悍强壮遭到弱化。而且，蒙古王进京参见时，清政府利用各种诱饵，玩弄攫取土地之策，进而用铧犁代替矛枪进入蒙古，侵占他们的土地。

与蒙古族人同祖的我们这些东瀛武侠之民，非常理解王爷的心情，大家起誓愿意为王爷赴汤蹈火，将来即使做牛做马也在所不辞。王爷以国宾相待，命下臣飞马去乌丹城购买酒肴，陪我们用餐，获如此之荣，我这个旅行画师可是兴高采烈。头目们也个个喜上眉梢。我们大吃大喝，吃相狼狈。哪有像我们这样饕餮的国宾啊。

夕阳西下，黄昏的灰暗映在平原上，我离座走进王城去溜达。进出内殿的宫女们的样子很有风情，便迅速画了两三幅。

世界共通语言　地狱打水隧道

早晨离开王城时，王爷亲自送我们到城门外。一行人得意扬扬。从这里向右走，是东部戈壁大沙漠，行车困难。向左走必须越过一座山，大家下车开始攀登山坡。一步百里，十步千里，眼界不断开阔。从山顶远眺四周的风景，使我们忘怀地大叫："壮哉！"

放眼望去，东南一带除了沙子还是沙子，东部戈壁大沙漠连接天边。西北是一座山接一座山，山峦如波涛起伏。高入云端的是兴安岭主峰。一览戈壁沙漠和兴安岭是多么壮观啊！山脚下昨晚借宿的王城看上去像梦境一样。看来平亲王将门①从比叡山②眺望皇居③，而起谋反之心也是有道理的，人登上高处就会产生伟大的抱负。

兴安岭是蒙古地带的一个大镇。这条山脉除了金、银、煤炭之外，还藏有铜、铁、铅、石油、硝石、水晶等矿物。这是蒙古的一大宝库。蒙古族人除了畜牧业之外，不求其他生存之路，比如从事矿业。他们不仅对此没有丝毫的商量余地，甚至迷信改变地形就会受到天神地神的报应。不但自己不采掘，如果他人进来挖矿，他们也会加以非同一般的阻拦，所以兴安岭是千古未开的神秘宝库，从来没有开启过。我要烧掉画笔，进入此灵山，与蒙古族人联手，推开这座宝库的大门，夺取金矿。然而斜视一眼天空，这个愿望只能停留在登到高处时的那一刹那，过会儿，执着将门谋反之心竟荡然无存了。

开始下坡时，脚下出现一个大湖泊。蓝天的色素像都被吸进这湖水里似的，蔚蓝蔚蓝的湖水保持着死一般的沉寂，没有丝毫涟漪。我觉得再也没有比山中的湖泊更神秘的了，更何况这个被赤岩包围着的湖水呢。

行进二十里，来到北营子村，北营子村只有十户左右的人家，找了一户看上去管事的人家吃了饭。这家有一个十五岁的哑巴儿子，他用手比画着问我们从哪里来、到哪里去等各种各样的问题，我和他之间的对话没经过翻译，是旅途中谈得最丰富的。手势是世界共通的语言。进入蒙古以来，觉得第一次与蒙古族人真正地进行了交流。与通过汉语和蒙语两个翻译才能明白意思的情况相比，这次的

---

① 平亲王将门：日本平安时代中期关东一带的豪门望族。

② 比叡山：日本滋贺县大津市西部和京部之间的一座山。天台宗总本山。

③ 皇居：日本天皇居住之地。

交流感觉最好。

我们又翻过一座岩石凸起的山，越过一条结了厚冰的河流，通过一个叫作“四大桥饭”的贫寒乡村，村名听着很怪，好像中国饭店里的菜名。接着向高原行进，日落后，到达一棵树村，行程共五十里。

村子前面长着一棵大树，这棵大树好像经历了长年的风吹雨打，灰白色的树干像浮在暮色中。据说大树枯死已有三百年了，村名就是由此而来。这棵神树的西边有一口大水井，井口有两间多之宽，上面架着一个很大的辘轳，靠四五个人的力量才能打上一桶水。我往下瞧了瞧，根本看不到井底。根据绳子的长度计算，确定井深有一百间左右。这附近是高原地带，这口井是从父辈到子辈，又从子辈到孙辈，才终于挖到有水脉的地方，是费尽苦心才完成的一口非同寻常的水井。只把它称为水井太不够了，正确的称呼应该是“从地狱里打水的隧道”。

听说客栈主人眼睛不好，医生角色的我赶紧拿出眼药水给他，主人拿出奶豆腐作为谢礼。奶豆腐是用牛奶凝固成的四方形的奶制品。翻译自作主张替我吹嘘说我是日本一流的名医。不过话又说回来，大家都在名片上印着冠冕堂皇的学位，天鬼氏是理学博士，白龙君是农学博士，天马君是工学博士，黑风君是法学博士，所以，我也顺理成章地当上了医学博士，真是失敬了。

针山血池 二百头骆驼商队

早上八点出发，又一座高大丘陵被我们甩到了背后。从丘陵上眺望，只见北方的大漠雪白雪白的。西边像针一样呈锯齿状的奇峰高耸入云，听当地人说这叫“景山”，简直像地狱的风光。这样下去，也许不久就会走到地狱的血池呢。

我不祈求在鲜花烂漫的温室中过安稳的日子，更愿意在这满目荒凉的地方继续旅行。沙漠中没有鲜花也不寂寞，碧蓝的天空，赤褐色的大地，有这单一的色调就足够了。

下了山，到了乃林沟村。又越过一个山丘，来到敖汉营子村，这里是有三十户左右的移民部落。我们在这里吃了午饭。休息时，在写生板上，把遥望的景山画了下来。只不过才画了二三十分钟，指尖就冻得失去了知觉。多亏了毛皮手套，才免受冻伤。此次旅行体验到在零下三十几度时，除了画具移动有点儿不方便之外，对写生并没有什么大碍。

路上遇见了修理留声机的和贩卖杂货的。中国人的忍耐精神令人佩服，远不是日本人能比得了的。我们横穿一大片平平坦坦的耕地，越过结冰河流，来到一片干枯的草原。地表到处覆盖着白粉状的盐碱结晶。远处两三千头野马在旷野上移动。眼前展现出一幅平坦开阔的大画面，好像在嘲笑我们人类的弱小。很想拿出画板，但最终没有勇气把它画下来。

在康家泡子遇见了由一百五六十峰骆驼组成的商队。在兴安岭那边位于乌珠穆沁、浩济特两旗交界处有个咸湖，名字叫“达不寺湖”。这个天然盐湖的盐货被运到遥远的赤峰去卖。每天产盐量达五六百辆牛车。盐随时采出随时凝结，似乎没有止境，现今每年产量估计达二百五十万贯。蒙古实在是一个天赐宝物极多的地方。枯野中，茶褐色的动物缓步前行的情景真是奇观啊！队长是穿着红色袈裟的喇嘛僧，所以骆驼商队更有异域风情。他在头阵骆驼上一边守护路途安全，一边指挥，俨然一副将军的气势。

朔风卷起沙尘，一种叫作“迷爱玛斯卡”（满蒙花柳界流行语）的蒙古云霞悬挂在兴安岭的半山腰，呈现与时节不符的春色。然而现在是零下三十二摄氏度，即使是日本人的我，也会在话还没有出口时就被冻上了。

我们像乌龟似的蜷缩在车棚里面，过了东塔拉，下午四点到达西塔拉，行程共五十里。进马栈住一宿。夜晚，马栈掌柜说肚子疼，让他服了一副我自制的药，立即见效了。这样下去，连鼻屎球也说不定有治病功能呢。今天也完成了该做的善事。

蒙古唯一的石桥　游牧民的帐篷生活

今天的途中没有可以吃午饭的村落，所以用面粉烙了褥垫那么大的饼，每个人挂在腰间，天还没亮就出发了。当然，洗脸等事宜早就免掉了。如果洗了脸，让早晨的寒风一吹，那可不得了。因为污垢和灰尘，我们个个都像竹部先生的弟子一样黑溜溜的，站出来优雅一点儿的一个也没有，好像一群獾子。

过了一个急坡到了西拉木伦河河畔，周围河淀淤水约有一里。中间最细的地方架着一座有三个桥洞的石桥，桥中央侧面刻着“巴林公主桥”。此桥长四五十间，好像是巴林王为纪念从皇室迎娶的福晋所建，非常富有画趣。过了桥就是巴林旗了，又称“哈拉莫托”。“哈拉”是黑色的意思，“莫托”是树木的意思，即黑色的森林之意。但现在是连一棵树的影子都见不到的荒野。踏着极其凹凸不平的山路，走了足有五六个小时，人烟越来越少。野鸡、老鹰在山崖上傲视着我们一行人马，令人甚觉不快。用手枪打了一枪，它依然一副挑衅神情，好像在说：“有能耐你们过来呀！”那样子，在肚子饿的时候，更让人生气。

走了六十里左右，终于有了一个帐篷村落，村名为“西敖崖子”，有五六十个帐篷。我们第一次进入追赶水草放牧的游牧村。迄今为止的漫长行程只不过是登上纯蒙古舞台的一条花道①，一行人不禁连呼三声“万岁”。这是一个多么不可思议的村落啊。圆形的帐篷说好听的好比国技馆②的孙子，说不好听的就像排着队的马粪球似的。我还联想到在教科书里看到的爱斯基摩人的冰屋插图。

我把一切都暂放一边，立刻开始写生。戴上两副毛线手套，再套上毛皮手套，所以画笔的运行不太自如，笔不达意。外景写生结束后，我跑进帐篷里面看，屋顶好像雨伞一样，由从中央伞芯向周围延伸的九十五六根骨架构成。用编成方格的细木做成圆墙，外部用羊毛绒毡严严实实地包起来。与其说是房屋，还不如说是公用外套更合适。圆顶做成能开闭自如的窗户，是排烟、采光的天窗。这种毡包能一边躺着睡觉，一边赏月看星星，够浪漫的。如果这些人是野兽的

① 花道：日本歌舞伎剧场，由舞台延伸到观众席之间的走廊部分。

② 国技馆：相扑比赛场，最初于1909年建成。

话，帐篷就相当于一个穴居动物的窝。这个轻便毡包，在搬迁的时候，屋顶就像雨伞那样收缩起来，墙壁用皮绳在第四个格子的地方系上放好，可以叠成细长形，不到一个小时就能搬走。这对追逐水草放牧的游牧民来说再合适不过了。简单的生活带上这些也就足够了。

牛粪万能国　蒙古两规则

这种轻便的房屋称“蒙古包”。我们一行人分住三个蒙古包里。包内中间的土灶上架着火撑子，烧牛粪取暖。火力很旺，非煤和木炭能比。这里空气干燥，所以拾来昨天的牛粪烧也没有臭味儿。蒙古族人崇拜火神，所以即使是牛粪火，也不允许伸出脚尖儿来烤火。万一把脚对着火的方向，他们温和的笑容一下子就会僵起来，并瞪着你。牛粪火在这里可是有极大权威的。牛粪的功劳不仅如此，用柳枝编的筐，其漏眼儿的地方用牛粪涂上晾干，就可以用来搬运谷物了。另外，把牛粪涂到墙上，可以建成一个储藏谷物的土墙仓库，不，是粪墙仓库。蒙古真是个牛粪万能的世界。如果没有牛粪，在这寒冷的天地里连一天都不能生存啊。

不能把脚伸向火的方向是一大法则，另一大法则是不能把屁股冲着佛坛。懂得这两项，就好像完全掌握了蒙古的生活规则。可是，脚尖儿冰冷，室内狭窄，遵守这两大生活规则很不容易。如果触犯了规矩的话，会面临被打、被赶出去的厄运。这一点是在蒙古旅行者必须掌握的金科玉律。

帐篷内有一个十五六岁的可爱姑娘。她穿着裘皮的样子很有趣，所以我用白糖作为报酬，请她做了油画写生的模特。一会儿天就黑了。我们做了炒米肉粥，先把牛肉放入锅里，做成带盐味的汤，然后把炒米放进汤里，尽量不去动牛粪火。但没有锅盖，所以燃火粉末还是飘进汤里，像撒上了烟草粉似的。虽不是曹植的七步诗，但也可以吟诗煮牛烧其粪，牛在锅中哭或笑。在这样的闹剧中，围着锅灶的武侠们不管什么粪了，满不在乎地把一大锅粥吃光，连锅底都舔光了。

我们拿出高粱酒邀请这家人一起喝起来。不管男女都兴高采烈，说个不停。通过翻译才明白，原来他们在说，日本人和蒙古族人脸型长得很像，应该是一个祖先。听说来了医生，来讨要眼药、感冒药、拉肚子药等的人一个接一个地过来。他们拿了药后留下牛奶、奶皮子（晾干的奶酪）等东西作为谢礼。纯蒙古地带还完全是以物换物。我们穿着衣服在毛毡圆屋里睡着了。一家人把牛粪火一直烧到天亮，多亏了这火，我们整夜都是暖和的。

武装商队　一目千头

牛粪的火力使近来一直睡在冰冷处的身体渐渐恢复过来，一行人无一例外都睡过头了。从兴安岭上飕飕刮下来的寒风摇晃着帐篷，好像催赶我们快点出发。首先得吃早饭填饱肚子，我们向他们要炒米，主妇说要等一下，便出去开始捣炒米。用脚踩着约两间长的长把杵子，一下儿一下儿捣着，宛如月亮里的玉兔捣药一样悠闲。客人来了才捣米，他们完全没有时间观念。入乡随俗吧，我们只好耐心等待。而对我来说，却获得了一个没有想到的好的素描题材。

我们把昨晚作为药礼获得的牛奶倒入肉粥里，填饱肚子，上午十点离开了这个村子。翻越一个山丘，遇见了约有一百辆牛车的商队，他们支着帐篷在野营，还是搬运湖盐的。他们到了牧草丰盛的地方就宿营在那里，让牛吃够草。因为他们要持续很长很长的旅途。为了防止夜晚狼群袭击，他们带着几十头猛犬，另外还带着对付马贼的枪支。可谓一支威风凛凛的武装商队。

远处的山染成了蔚蓝色，近处的山呈现赤紫色。空气像水晶一样透明，是个没有一粒尘埃的晴朗天气。几千只羊化为原野中一块一块的白色斑点。越过一个长着茂密青草的山丘，又出现一个更大的沙丘。沙丘是在风的作用下形成的沙山。从戈壁沙漠以一泻千里之势被吹下来，即所谓的风沙洪水。如果有一处被什么东西截住了，后面流下来的沙子就在这个地方堆成小山，就跟一个芥菜籽上裹上糖就成了一块金米糖是一个道理。可是沙丘没有金米糖那样的棱角，像盖着被子睡觉的姿势，呈半圆形轮廓。如果挖开沙丘看一看，核心一定是石块或者牛粪什么的吧。不管地理学上怎么写的，这是我们一贯的见解。

一行人费了好大劲儿才越过这个大沙丘。好不容易填满一肚子的肉粥一点儿都没剩，肚子空空的了。因为是风吹成的沙山，脚踩不到底，我们就用脚蹬踏沙子，上身向前屈，终于爬过了沙山。下了山到了平原，进了一个叫作“阿尔扈镇”的帐篷村落。头发结成两条辫子的妇女站在蒙古包外目送我们的情景，是很好的绘画题材。这一带牧马很多，因为是畜牧之国，即使一眼望见千头也算不上什么。

全境皆牧场　珍奇树之果

每天如此，牧场随处可见。畜牧业的确是蒙古族人的本行，也是他们的生命。蒙古族人以畜牧为终身事业，他们对农业的不重视如前文所述。在蒙古，畜牧种类除了牛、马、羊之外，还有骆驼，在汉族人移居地带还可见驴、骡子、猪。羊对蒙古族人来说是最有用的。实际上，羊是他们的主食，同时羊皮做成衣服，羊毛剪下来织成绒毡、铺盖或者围在屋子墙上御寒。

现在，蒙古的畜牧业畜种数量大约有一百五十万头牛、二百万匹马、四百三十万只羊。每年的出口数量约为三十七万头牛、十二万匹马。大部分牛被运到哈尔滨，成为俄罗斯人的食物。大部分马被运到满洲中部，拉车干活。多数羊被运到北京，成为汉族人的食物。其需求量年年增加，出现供应不足的趋势。而且今年兽毛、兽皮、乳油等的需求数量又惊人地增加。现在羊毛出口额每年达到一千万斤，不过只能满足一部分需求。茫茫没有尽头的蒙古旷野，单单开发畜牧业也能让蒙古族人获得无尽的财富。

将来日本人如看好这一事业，只需要明白一点，那就是驾驭牲畜的才能，汉族人不如蒙古族人，而日本人更不如汉族人。畜牧业确实是蒙古族人擅长的一行，但是他们不懂得畜种的改良、兽疫的预防方法。在这些方面，日本人还有下手的余地。顺应大自然的规律，加上人为的改良，这个天赐的牧场就会打下坚固的基础，这样日本人才能成为领导者，把这里富裕的毛织物原料献给祖国，其目的才能得以实现。

渡过约三百间的茶嘎姆林结了冰的河床。位于北岸有个西大庙，是个有六百位僧人的大寺院。我把它画了下来。僧房的院子里有一棵珍奇的树木。枝头上长着三个像山茶果一样的黑色果实，从外皮的裂缝往里一看，里面果仁像女人涂抹的牙齿①。我向僧人要了十五六粒放入衣袋里，送给日本的盆景迷老父亲。

我画了一张油画，题名为“从山丘远望大巴林”。这里的人们在大巴林王城灭亡后搬迁到此地。据说大王去了北京，协理台吉接见了我们。这个地方有个大

① 日本女人过去流行把牙涂成黑色。

寺院叫东大庙。喇嘛僧带我们到一位富农家里住了一宿。他们赠送给我们一些小麦粉和牛肉。蒙王城恩赐，今天吃了一顿肉汁加丸子。有一个十二三岁的伶俐活泼的小僧，他是带有房子的小喇嘛，声音洪亮地读着《论语》。蒙古有个习惯，富豪人家一定送出一两个喇嘛僧并带上房子。

懒惰神仙　豪杰抓虱子

天才微亮我们就出发了。几千头牛马分散在草原上放牧，我们进入了全是兽类的世界。东看看西看看，看不到一点人类的痕迹。创造这一带生物的造物主一定非常懒惰，游手好闲。没有山也没有河流，只有光溜溜的平地。

不久，我们来到了巴彦塔拉。这里有很多土房子，村子前面流淌着涓涓细流，后面靠着丘陵，各处的盐碱地雪白雪白的，是个好地方。又见草原上扎着帐篷，原来是一百二三十辆牛车商队在此野营，是前面见过的那个搬运湖盐的商队。越过丘陵是一个叫作“蓬布拉”的村落。再向北走渡过一个石头很多的河床，天黑时到达有三十户左右的大村落乌有鹿特。投宿一户富裕人家，他们让我们睡在热炕上，而他们全家则住在前面的蒙古包里。户外横着一根两人合抱来粗的还没有完全干枯的松树圆木。这一带连一棵树影都看不到，怎么会有这样一根大圆木呢？我觉得很奇怪，通过翻译问了一下这家的主人，他说是从兴安岭背面采伐来的。那笔直的树干确实足以证明其是在深山老林中生长的。

主人为我们炖了一整只羊，吃完后，一天的疲劳都消失了，大家舒舒坦坦地休息。有的打开棋盘开始争杀，有的翻阅故事书，有的说说笑笑。而我现在还不是整理画具、记日记或休息筋骨的时候，最近我又增加了一项夜间工作，那就是抓虱子。不光是我一个人，一行人只要有空闲时间，就摆出架势，毫不隐讳地一边谈论天下大事，一边扑哧扑哧地挤虱子。这对于本来工作就很多的我来说，不能不说是一项负担很重的副业。我给大家做了一个关于虱子的演讲。

虱子这个家伙，有个不适合它身份的雅号，叫作“半疯子”，比我“狄风”的雅号更有余韵。看古代圣贤如孔子、孟子、老子、庄子、列子等都带个“子”字，这个半疯子先生说不定也是儒家之亚流，不仅如此，它还有千手观音这个菩萨的名字。日语叫“暖暖虫”。忘了是第几代人皇，有个虱子跑到人皇玉体上，人皇招来身边大臣，问这个不可思议的虫子叫什么名字？大臣难以启齿说是虱子侯爵，就用暖暖虫侯爵对付过关，从此，暖暖虫这个称呼就流传了下来。古书中有这样的词句，“燃烧虱子占卜天气的山里人家”。在没有气象台和天文台的明治维新以前，把虱子扔到火里，听被燃烧时发出的声音，来占卜天气。藤原时期①“虱子司”这一赫赫有名的官职，主管天气。虱子燃烧时发出“咔嚓”一声说明明日是晴天，发出“扑哧”一声说明是阴天，发出“咔嚓咔嚓”的声音说明明日有暴风，没有声音说明是雨天。阴阳师安倍晴明能分辨蜜虫的四十八种声音，可预知地震、雷鸣、火灾、水患，就连夫妻吵架，甚至小孩夜里尿床都能通过虫音占卜……

话还没有说完，大家就开始拍手喝彩，笑得前仰后合。蒙古族人听不懂我在说什么，愣愣地看着我们。

我们的蒙古之旅，虱子作为天气预报器也有点儿用，但是我这个穷画画儿的干瘦的身躯哪能养得起这么多的食客，于是我在炉子旁边脱下内衣，把一年的天气预报器一起刮了下来，处以它们“炒芝麻”刑。蒙古族人看到这一情景，摆着手，发出惊奇的叫声。问翻译到底怎么了，原来他们在说火里坐着佛爷，神圣的火中是禁止扔进不洁之物的。我这才意识到违反了“宪法”，但是已经来不及了。火中同时发出咔嚓、扑哧、噼里啪啦的各种声音，“晴、阴或小雨”，跟现在的天气预报一样。

① 藤原时期：896 年到 1184 年间。

七百头牛马被盗　幽灵川

吃完早饭后出发，渡过一条小河，登上一个缓坡。这里有适合画日本画的典型风景。那浓厚的紫红色如果不借用油画画具则很难表现。越过丘陵，又来到平坦的草原。空中有上万只叫“巴彦林”的很像云雀的小鸟。这是汉族人爱养的鸟，这种喜爱鸣叫且叫声好听的鸟在城市里能卖四五十元一只。如果把捕鸟网带来就会使小鸟成金了，真是怪可惜的。

巍峨的山脚下有个小巴林王城，从城里遥望白雪皑皑的兴安岭主峰，风光宏伟壮观。我们首先拜访王城，然后返回有两百僧人的贝子庙，决定在僧房住一宿。两三个月前，一个七八百人的大马贼团袭击王城，偷走了王城里所有的牛马，共七百头左右，这真是一件令人愕然的偷盗事件。

第二天天没亮我们就出发了，沿着平原东进。这是进入蒙古以来第一次面向日出方向。迄今为止一直向西，再向北行进，今天转向东行五六十里，然后继续北进。虽然是一件小事，但对这些在还未开化之地的旅行者来说，哪怕接近故乡一步都兴奋得难以形容。眼前出现一条宽两间左右的小河，水流如箭，中央有三四尺还没有结冰，大家不得不从马车上下来，一个一个地跳过河去。大家像商量好了似的，都因用力过度在对岸滑倒了。拿出地图查看，河名叫作“跌倒河”。原来如此，大家忍着疼痛哈哈大笑。人摔一跤就过来了，可是如何让车过河呢?花了近一个小时的工夫也不见效，朝马屁股上突然用力猛抽一鞭，马在水中飞奔，越过河流。可怜那四匹马肚子上垂满了银针似的冰柱儿。连马贼看到此景也吃了一惊。

走过红岳儿村，这个村子里都是涂抹了牛粪的圆形房子。我以凹凸不平的山为背景画了一幅贝子庙的素描。不久来到一处高原。好像锯齿一样的峰峦，远远近近包围了四周，地平线也已经看不到了。今天早上出发的时候，在地图上查看了一个叫作“乌拉阿尔克”的村落，准备在那里吃午饭，但这个村子只剩下五六间废弃的房子，枯草蓬蓬，更见不到一点儿人烟。大家很失望，一直饿着肚子赶路，早知道这样不如吃了早饭再走。现在发牢骚也没用。

几百只沙漠雉鸡在空中成群飞行。沙漠雉鸡是野鸡和鹌鹑的混种鸟，腹部雪白，羽毛呈灰色，头部羽毛漆黑，有的像鹫那么大。我们好像踏进了鸟的世界，在这个世界里，人就神气不起来了。拖着沉重脚步，用两只脚在地面上一步一步走的样子难看死了。我听到鸟儿们好像叽叽喳喳互相说着：就连我们的同类白头翁鸟，无论体形还是走路的姿态，也比那些人强。脚步越来越重，肚子越来越空。坐在车上晃来晃去，更觉得肚子空，大家干脆从车上下来，没精打采地向前走着。被那些迎风振翅的鸟儿们笑话也是没有办法的。

艰难地越过高原，来到了夏尔呼特村。要到了炒米肉粥，拼命地往肚子里填啊，填啊。蒙古族人看着我们瞪大了眼睛，怀疑这群客人是不是从饿鬼道上来的。我们肚子饿极了，才露出如此吃相。

又越过一座高原，眼前出现了一条宽约一百间的冰河。这么一条大河，将逐渐被沙漠埋没，最终毫无踪影。至今走过的老哈河、英金河、西拉木伦河、查干河等大河，一到下游连一滴水都没有。只是每年春天冰雪融化期间，辽河才畅通，所以地图里的上游画得很粗，下游画得很细，表示河流的存在。但是今天的河流，下游全都消失了。我给它起了一个名字叫“幽灵川”。河岸生长着灌木丛，是很罕见的树种。附近放牧着很多骆驼。

傍晚到达哈日毛都，敲开一户普通人家的门要借宿，没想到他们好像在庆祝节日。五六个妇女做着各种怪样的食物。我想把她们穿着盛装的民俗画下来，但是暮色逼近室内，看了一眼后，我们又踏上夜路，来到有三百僧人的汗布拉马喇嘛寺住了一宿。僧房是天然石头垒成的，外部涂着藏式建筑独有的色彩，有三四十个房间。寺庙环绕着山丘修建，远望好像一座高楼重阁。

朝鲜城址　险遭袭臀事件

天没亮我们便启程，再次渡过幽灵川，来到特尔毛特。这是个远离尘世的小村。炊烟淡淡升起，一行大雁飞过半空，此景不免使人生出思乡的忧愁。

越过丘陵是个大平原，中间有十五六条街，四面残留着土墙。这是有名的朝鲜城址，朝鲜版图曾扩展到兴安岭山中。城墙内有龟形碑基，雕刻着花草的基石，还散落着布纹瓦块，使人联想起朝鲜城的兴盛时代。如果有时间，真想挖掘一下看看土里埋着什么。大家兴趣各异，其他人连看都不看一眼，继续快速前进。如果自己走失可不得了，我迅速拾起一块破碎瓦片，追上队伍，跟大家一起进了鼻子庙。从庙内眺望远处，隔着朝鲜城址，一座白塔如巨人般站立在丘陵上，远处一座奇峰如竹笋般冲天而立，就在眼前馒头形状的山丘上，一座赤色巨塔眼看就要崩塌似的。这些都是遗物。

在这座寺庙里吃到了山羊粥。一行人决定在此等候，我和天鬼带着翻译去拜访离这里八九丁的山里的海林王城。王爷和福晋在民国元年被家臣暗杀，十四五岁的王子和十二三岁的公主接见了我们。我们呈上砂糖作为礼物，公主笑眯眯地坐到我们膝上，亲切可爱。

返回鼻子庙后，大家一起继续向北行进。渡过一条结了一半冰的小河时，突然马车翻了，两三个人浸到了水里。还好我这边平安无事。通过朝鲜城子部落，越过河流，横穿放牧了很多牛马的旷野，天要黑时渡过三度河，到达查贝营子借宿，这是一个由十五六个帐篷构成的村落。

半夜要解手来到户外，突然什么东西碰到了屁股，不由“啊”的一声跳出三四尺，借着星光一看，好像是一只特大猛犬伸着舌头。差一点发生袭臀事件，还不知为什么它要追着我的屁股舔。这可不是说笑话，我真是心惊肉跳，整个身子跳跃着前行，绕蒙古包一圈，在门口停下迅速逃进室内。因解手差点丧命这已经是第二次了，第一次是在千山那个仙人厕所里。

陆上海市蜃楼　轻而易举发财

今天太阳升起后才出发。沿着平原东进，绕过大象鼻子头儿似的沙丘，爷们庙出现在榆树林中。林中白壁朦胧，是个难得的绘画题材。从此进入一片大平原，渐渐远离兴安岭，牛马渐渐小如蚂蚁。通过胡萧艾勒（有十户人家），经三十五里到达波洛贡苏木。这是个帐篷村落，在这里吃了午饭。

我们继续向北走，夜里来到高原上的熊庙住了一宿。我们吃了牛肉粥和腌韭菜花。

次日因为要进入无人之地，天没亮我们就吃早饭出发了。蓬蓬枯草一人多高。走过这个草原，进入山间的道路。整个山都是杏树，开花的时候一定会杏花香飘百里吧。

上上下下走了七十里路，来到四面被山包围的帐篷村头贡艾勒住下。主妇是一个少见的美人，很快为我们做好牛肉粥。傍晚，请主妇站在蒙古包外画了一幅油画。

第二天，太阳出来后大家慢悠悠地出发了。尽管是无风无云、祥和平稳的天气，但胡子还是冻上了霜。望见远远的地方出现一座高楼，突然又塌掉变成城墙，不一会儿就完全消失了。跟在海上看到的现象一样。我们一边欣赏海市蜃楼，一边在高原上摸索前行。这种心境不在蒙古是无法体验得到的。

走了三十里，渡过拉沐伦河，到达王爷庙。王爷庙有宏伟的建筑和三百多名僧人，隔一座白塔就看得见阿鲁科尔沁王城。我们要拜见此地的王爷，但王爷因病没有见我们。

王城和寺院之间，是一片原野。汉族商队搭着三个帐篷，努力地吸引蒙古顾客。我走过去看了一眼，一张山羊皮换两三根木棉针。如果是小米粮食就会贵如鲸鱼。但即使获得巨利辛苦也是够受的，若不是勤俭耐劳的中国人，在这样的冰天雪地里是无法行商的。

这些汉族商人被称为“拨子”，大拨子通常一组七八个人，四五辆大车上装着一万吊左右的货物。一般是春季出发，秋季返回。小拨子不定期，一两辆车上装载着两三千吊的货物，随处支着大帐篷开店。现在看到的就是这种。买卖方法当然是以物换物，有棉布、茶、烧酒、火柴以及其他日用杂货，还有粮食、烟草、餐具、佛像、佛具、马装。汉族商人常常带一些稀奇罕见的东西，勾起顾客的好奇心。蒙古的各种东西都可以用来交换，牛、马、猪、羊、羊毛等，什么都行。有时买卖先做，但物品交换清算拖到明年或者下次行商时期，与我国越中[①]一带卖药的方法相似。其交换获得的牲畜，托付当地蒙古族人放牧，有合适的机会，就拿到市场上出售。这些商人有时甚至不负责任地托付放牧好几年，蒙古族人却毫无怨言，和对待自己的牲畜一样。蒙古族人不管怎么喜欢追逐水草而居的游牧生活，也绝对不去自己旗外放牧，所以商人们非常放心把牲畜托付给他们。

寺院西北原野中有两间小屋，名叫“玛宁”“库鲁得”。里面有能自由转动的大圆筒。路过的善男善女可以在这里转动圆筒祈祷幸福。圆筒内装满了经文、佛画等。我们翻看里面，发现两三幅有价值的古佛画。

---

① 越中：日本天武天皇时代，把日本北陆分为越前、越中、越后三部分。越中指现在富山县一带。

针线伙食费 王族带路人

白龙、赤蛇、黑风三个头目带两三名部下，为完成某一任务而离开本队，奔向白音塔拉。剩下我们五个人继续向高原行进，越过沙丘，眼前出现一个周边有一里左右的湖泊，湖北岸有个只有两三个帐篷的小村，叫“红提拉”，倒有很多牛马。大家一路又推马车又越沙丘，到江镇木鲁格勒一个帐篷村落吃了午饭，主人用山羊肉炒米粥款待了我们。作为谢礼，我们送给主人一些针和彩线。主人平身低头目送我们一行人。

这一带有很多野鸡野兔，沙丘上生长着枝叶如针状的灌木丛，越过沙丘，天也黑下来，在敖包艾勒住了一宿，这个村子只有五六户人家。有个人用煮树皮汁加盐当茶喝。我们也尝了尝，香气扑鼻，便喝了下去。主人说脚趾溃烂很疼，我用烧酒给他洗了脚，涂上杀菌药膏，他很感激我们，取暖的牛粪火一整夜也没有中断。

第二天我们请当地人给我们带路，向北边平原前进。越过沙丘，渡过细流。在榆树林中有个敖包，是把自然的石头堆积起来，在上边用柴木搭建的敖包。敖包配上奇岩背景，是很值得画下来的风景。

在套海艾勒（トホアイラ），用溪水做了山羊肉炒米粥。进入游牧地带以后，吃的只有山羊肉炒米，根本没有蔬菜。不过，只要常饮牛奶就不用担心得坏血病。

帐篷里挂着一把胡琴。不知是谁说过酒和乐器是人类的两大杰作。早在开弓射箭的未开化时代，人们就开始制作酒和乐器。

从这开始要一直向上攀行。望见北边山腰上斑斑白点，宛如残雪。用望远镜一看，好像是肯贝庙，无数殿堂毗邻，倚岩壁而建，是个拥有五百僧侣的大喇嘛寺。用望远镜观察了一下，里面有无数个殿堂，依山傍水而建。

檀树、枹树长成两三尺高的灌木，通过灌木丛，眼前山峦重叠，夕阳把山脉映得发紫，灰色的夜幕渐渐逼近，大家快马加鞭，赶到艾努浩饶艾勒（アイノホロュラ）。在一个拥有土房、五六个蒙古包加上一个小喇嘛寺的大豪宅里，睡了一宿舒舒服服的热炕，做了个美梦。

第二天，参观了位于距此以西约十里的高原地带的西扎鲁特王城。向左侧平原望去，可见能因庙的白色墙壁。以山系为背景，风光越发清新秀丽。我们由西扎鲁特王城又返回村里，到一王族家中乞食。五十多岁的总理大臣遗孀坐在锦缎褥垫上，说一家人同受一种皮肤病之苦。我马上给他们检查了一下患处，原来是疥疮。但是不知道用什么药好，又不能撒手不管，此时，作为“博士医生”，我拿出喝剩下的高粱酒加上眼药水，做成药水擦洗患部，然后在化脓的地方贴上了疮瘢膏。主人非常高兴，吩咐人一直把我们送到下一个村子。有王族的人为我们带路，我们深感荣幸。因为拿着医学博士的名片，所以一点儿都不觉得难为情。

走了四十里的山间路，到达一个名为“乔老内勒”的有二十几户人家的游牧民村落，王族家人带我们进了一家看上去比较富裕的蒙古包。蒙古包里有土炕，里面还有一座气派的佛坛。带我们来的王族家人也一起睡在这里，夜里也没有间断地燃烧牛粪让我们取暖，真是过意不去。

废城里发现古画 可怕的大地龟裂

上了一个缓坡，走了约三十里地，到达那拉内郭勒村，这是一个四面群山环绕的游牧村庄。阳光透过薄云照射到蒙古包上，让人感到很神秘。空气依然冰凉，头发上垂下冰柱，嘴也张不开。默默地望着骆驼牧群，翻越几座小山，渐渐接近了东扎鲁特王城。原本要在这里住一宿，但是城墙坍塌，檐柱倾斜，枯草败枝，已经成为一座废城。几年前，王爷驻在北京期间，因家臣叛乱，城池荒废。

在城内废弃的喇嘛寺院里，我们发现一幅非常罕见的古画。古画描绘了根据喇嘛僧的功德，黑牛渐渐白化的过程。是用弥陀油沾矿物颜料，描绘在画布上的。看上去经历了相当久的年代，颜色变得说不出来的有趣。与奇特的图案相配，真是一幅难得的佛画。

我们在距城南十五六町的哈日庙住下。我开始用油彩画伽蓝的时候，雪花纷纷飘落，没等画完天就黑了。晚饭希望能吃到肉，结果给我们上来一条牛腿，我钦佩大胆的和尚们，便给了他们一元纸币作为谢礼。和尚们接过谢礼，开始议论起来，问了翻译才明白原来对方也在钦佩我们还礼的大方。在游牧地带一直保持过去时代以物换物的习惯，不流通货币，这里人们的观念中货币倒成了罕见而贵重的东西。因此和尚们非常高兴。在不流通货币的蒙古地带，课税使用牛羊。有五头牛的人上税一只羊，拥有四十头羊的人则上缴两只羊。其余即使拥有几百头牲畜也不加任何税收，且无论贫富。蒙古大业建成也不容易。东扎鲁特废城的福晋和几个家臣正在这个寺院的一间房内避难。

福晋的家臣为我们带路离开寺院。早上，人们吐出的气息立即变成白色，冻结在围巾上，睫毛和眉毛都变成了白色，变成假俄国人，坐在带篷马车里，缩成一团，过了霍伊斯郭勒、马拉嘎郭勒等蒙古包村落，进入重峦叠嶂之中，八九只像鹿似的野兽飞奔到山脚下。原来不是鹿，而是野生山羊的一种，叫作“黄羊”。

行五十五里，到达霍林郭勒，在此吃了午饭，然后又换了一位带路人，继续沿着细长的平原迂回前行。渡过一条小河，来到山里的蒙古包村落，村名叫“内木鲁格勒”，大家分住在几个帐篷里。这家有一只小马踏破冰掉进河里，他们把小马抬到帐篷里，在火边尽心看护它，非常虔诚。他们对家畜很和善，禁止人的脚伸向火的方向，却为马的四只脚烤火。这一带只有山地，他们燃烧李子树根，散发出一种香气，我们一路一直都在闻牛粪味，这种香气无疑是对我们鼻子的一次犒劳。

第二天，我们踏着残月出发。沿着幽灵川向东进发。因寒冷地面龟裂，宽四五寸，深五六尺，好像发生大地震后的凄惨光景。绕着山间细长的平地，走了约三十里，眼前是一片宽阔平坦的天地。兴安岭好像一颗陀螺，渐渐远离。我们来到嘎哈塔内格勒村。这个村子一半土房，一半蒙古包。我们在这里吃到了兔子汤和小米饭。以前一直是游牧地带，现在开始踏进农牧地带。从此进入了有很多野鸡、鹌鹑、喜鹊等动物的山地。越过一个缓坡，又来到幽灵川，到达奥斯干嘎赤西亚村，这里有十五六户房屋，但都没有人住。听说五六个月以前遭到马贼团的袭击，全村遭遇覆没的厄运。

这一带是肥沃的平原，望见南方远处的地平线，是离开赤峰以来第一次看见的景色，不禁感到十分喜悦。穿越二十里的山道，天黑到达诺罗霍特卡村，这里是只有三间土房的小村，我们在这里住下来。大家吃着用猪油炖的汤菜拌小米饭，填饱了肚子。主人家的小孩在室内养了一只沙漠野鸡，我们用一包糖换了野鸡，把它带走了。

单手持枪牧童 酒肉免费客栈

兴安岭完全从视线中消失，眼前出现一望无际的平原。一过幽灵川，就到了背靠馒头形状小山的五大庙，共有僧人千名，分为黑棘庙、霍宵庙、巧艾鲁儿庙、托巴乌孜庙、罕巴喇嘛庙，每座庙都极其壮观美丽。我们先在黑棘庙吃了午饭，僧人给我们端出来好吃的牛肉炖粉条，加上炒米饭。

饭后僧人带我们参观了正殿，看到了不少佛像佛画。有十几尊等身高的金佛排列着，小佛像也有几百个，每一个都是金光灿灿的镀金佛像。由此可见善男善女们信仰的共同之处。可是佛画却用红、白、黄、绿、青五种颜色绘在画上，把佛用颜色分成不同等级。蒙古佛画栩栩如生。近代的蒙古画家把这五种颜色运用到肖像画上，用于区分人物，真是很有意思。迄今为止在蒙古见过无数寺院，其规模之大也令人惊奇，对佛教美术研究者来说更是合适不过。很多喇嘛即由活佛的肖像转化而来，充满生机。不像中国内地和日本的佛像那样坠入典型模式，作为美术作品价值比二者大。遗憾的是没有充足的时间进行研究，只画了两三幅就离开寺院奔向李营子。途中见到一名背着枪放牧几千只山羊的牧童。枪是预防狼群来袭的。天黑时到达图什业图王城。城门前新开了一家汉族人经营的大客栈，名为“公兴号”。住宿费一个晚上三十钱，饭依然是炒米，但有稀罕的豆腐汤。

翌日清晨，我们出发。气温是零下四十二度，呼出的气息马上变成雪白的结晶体，头发、围巾僵硬，脖子也不能转动。沿着平坦大道北进四十里到达突泉。虽然是县厅所在地，也不过只有七八十户人家。呈现无数弹痕的废屋就是巴布扎布军和中国军大战三天留下的。我们进了一家饭店，要了猪肉汤面，好吃极了。一直不得不吃炒米粥的日子终于过去了。

从这里东行四十里，天黑到达哈拉窝棚，我们住进中国驻兵营。在这里吃了马铃薯加上玉米粥。蔬菜渐渐多起来，反而肉减少了。

早上又如往常一样启程了。到处都是大片耕地，沿平原东进，到达哈鲁呜斯，是满族人移民村落。炊烟缭绕，寒冷地带也有如此恬静风光。继续前行，海市蜃楼又从地平线上出现了。如同空中楼阁，这边消失了，那边又出现了，时隐时现大约持续了一个小时。如能有好几个小时与太阳的位置保持一百二十度的倾斜，早上或者傍晚太阳比较低的时候海市蜃楼就有可能出现。过了莫平扎拉格等汉族移民村，行三十五里到达水泉子，在农家把小米饭泡在土豆汤里当午饭。

从这里向南眺望，有一小小的湖泊。横穿五十里没有人烟的平原，天黑到达大泡子。住在野外的一户人家里，他们只有煮豆和小米饭，在这里反而怀念起整天吃肉的游牧地带。

一颗明星在地平线上开始闪耀的时候，我们上路了。越来越接近归途，一行人加快了脚步。沿着平原向东行走了三个小时左右，太阳升起来。最初是椭圆形，升至离地平线三四尺的时候，终于变成圆形。今天仔仔细细把太阳从椭圆形变成圆形的过程看了一遍。

过了一个名为“查嘎斯坦”的十五六户人家的废村，走了四十五里，到达新立屯，在一家马栈吃了午饭。小米加咸萝卜，越来越惨。听见马栈隔壁发出咿咿呀呀的声音，瞧了瞧，原来是汉族移民的子弟小学，约二十个五六岁的孩子正在读《论语》。

从这里开始，农耕作物渐渐增加，过了三家子、六家子、五家子、巴里西巴等汉族村落，日落时到达洮南市。这里人口约三万五千，市街外围有壕沟土壁，城门处有几名士兵站岗，一一检查通行人员。我们出示了旅行证，入城住宿客栈。一宿只四十钱，晚饭端上来四个菜加高粱酒，店员还说菜不够可以再上，酒也可以随便喝。我们觉得有点奇怪，让翻译去看看怎么回事，原来这个地区肉和酒比米饭便宜，先让客人用肉和酒填饱肚子，尽量不让客人吃米饭，这完全是他们的秘密武器。大家一听都惊得把嘴里的菜喷了出来。

巡警男佣　穴居茶屋

两名骑兵巡警护卫我们离开了洮南市。五六名中国巡警屯驻在启文门，封了我们的马车，一辆车要缴纳通行税五钱，这一点可真令人生气。想起在不懂用钱的纯蒙古族人地带是多么悠然自在。与电线杆并行的一条宽二三十间的大道一直向南边的平原延伸。大道上奔跑着几辆有席子车棚的马车，每辆马车上都坐着家眷，还载着猫、狗、家具等，大概是满族人的移民团吧。他们迎着寒风，去哪儿寻求安家之地呢？或者是因为马贼蜂起，一时避难的人们现在返回故居了。总之，这些人生命财产没有任何保障，他们的前途令人担忧。

我们通过长春堡、拉木迪格勒、查干塔拉等农村，天黑到达兴隆镇，在田野里的一户人家里住下。

第二天又是沿着茫然无际的平原向南前行。因为寒冷，帽子邦邦硬。通过王瞎子店、哈钱塔堡、小王瞎窝棚等移民村落，日落时到达开通镇，在马栈住下。护卫巡警把行李从马车上卸下来，又帮我们做饭、端茶，代做男佣之事。

第二天照例天未明就起程，十二月的天空雪片纷飞，寒气逼人。在车棚里缩成小馒头，经过同家窝棚、安其海、边照、小太平川等移民村落，到达灭巴拉殿子，又在野外的一户人家里住下。

次日早上走了二十里后天亮了。快马加鞭到达太平川。这里设置有邮局，作为移民村落，他们想得很周到。从这里继续前行三十里，经过白云昌。路旁有个洞穴建成的饮食店，就是穴居茶屋。

两条彩虹三轮太阳　蒙古女杰豪爽款待

过了大官店有段坡路。在这里曾经有个姓关田的日本药商被马贼杀害，左右枯草没身，令人不寒而栗。我们过了拉玛古店、乎明台等村庄。以太阳为中心，左右对称出现两道彩虹。彩虹高挂在太阳两边，也许是太阳的七色光晕的一种，是非常罕见的现象。日落后到达古鲁本井，这里是一个有中国兵营屯驻的大村落。我们投宿在一家马栈。

第二天，我们又是顶着拂晓的星辰上路。日出时，以太阳为中心，左右两侧同一位置各出现一个太阳。这是一种令人不可思议的现象。不过地上有四十八个大王的蒙古，天上出现三个太阳也不见得是什么不祥之兆。

通过哈拉毛头、孤店，在鲍斯吐吃了午饭。女店主是蒙古族人，听说我们是从蒙古归来的，便热情款待了我们。蒙古有很多牛肉、牛奶、炒米，可是这里却很少，她为自己的家乡感到骄傲，洋洋得意地说："下次诸位再去蒙古旅行时一定请我做翻译。"真是一位了不起的女中豪杰。

我们继续赶路，路过七井子、口代等村，经过一个结冰大沼泽，眼前出现了一望无际的芦苇荻草。天黑到达位于玻璃山麓的茂堡吐屯，在一家马栈住了一宿。一个十五岁的男孩一见到我就低下头抿嘴笑了，我不知为什么，通过翻译一问才明白，他说我曾经在郑家屯的码头写生帆船，还买过他的甜瓜。

第二天将是蒙古旅行的最后一天，我们在晨曦中出发，行过结冰的辽河。马车在冰上行驶，发出吱吱的声音，让人有些担心。被割下来晒干了的芦苇草，堆积在各处。半面朝阳，清晰耀眼，从河对面村庄升起袅袅炊烟。过了二双口、杨木屯、巴拉堡等，渡过西辽河的干枯河床，回到郑家屯时是十二月二十六日午后两点。横穿满蒙大地实则一百〇四天。难以相信自己真的已平安归来。